JN108618

3人の金メダリストを育てた
名将がひもとく勝利のプロセス

勝つ理由。

東洋大学体育会水泳部監督
著 平井 伯昌

ベースボール・マガジン社

「勝利の方程式」という表現がよく使われますが、
いつも同じ方程式で勝てるほど、勝負は甘くありません。
前回はこういう条件だったからこの式が成り立ったが、
今回は条件が違うので、
変数をこう変えなければならないといった具合に、
レースによって式を書き換えられるのが、
勝ち続けられる選手なのです。

速い選手が金メダルをとるのではない

水泳という競技では、速い選手が必ず勝つわけではありません。一見すると、ただ泳ぐだけの競技として映っているかもしれませんが、レースでは相手とのさまざまな駆け引きがあります。また、大きな大会になればなるほど、選手にかかるプレッシャーも大きくなります。

一人ひとりでレーンが分けられていて、相手との接触がないわけですから、理論上は、速い選手が自分の思うように泳げば、必ず勝つはずです。しかし、レースでは、さまざまな要因によって、なかなか思うようには泳げません。そうした中で、思い通りに泳げた人が勝利を収める、それが水泳なのです。

もちろん、速くなければ、勝つことはできません。一方で、速ければ勝てるものでもありません。そこが水泳の難しさであり、醍醐味であるといえます。いつどこで出したタイムでもいいという条件でランキングをつければ、速い人が必ず金メダルをとるでしょう。しかし、決勝に残った8選手の中で、実際に金メダルを手にするのは、そのレースで最も速く泳いだ人なのです。

私は、勝利よりも上の敗北はないと考えています。オリンピックにおいて、金メダル以上の銀メダルはありません。「いいタイムを出したけど負けた」というレースは、自分の中で「よかった」とはなりません。だからこそ、可能性があるのなら、メダルをとらせたいですし、できることなら、金メダルをとらせたいのです。指導者である自分の役割はそこにあると思っています。

準決勝で世界新記録を出したとしても、決勝で負ければ、金メダルをとることはできません。そして、予選、準決勝、決勝と、タイムがだんだん落ちていくケースが意外とよくあります。世界新記録を出した選手と金メダルをとった選手のどちらがいいかといえば、私は金メダルをとった選手のほうがいいと思います。なぜなら、その大会で勝ったのは誰か、誰にも負けなかったのは誰かといえば、金メダルをとった選手だからです。

そう考えると、コーチとしての私の仕事は、目標とする大会の決勝で勝つために選手を導いていくことだといえます。決勝で力を発揮するために予選があり、選考会があり、そこに至るまでのトレーニングがあります。その過程において何を考え、どんな準備をしてきたかが、集大成の決勝でパフォーマンスとして表れるのです。

もちろん、勝つことがスポーツのすべてではありません。私自身は競技生活を通じて人間として成長し、人生を豊かにすることが、スポーツの最大の価値であると考えています。一方で、勝利を追求し、最大限の努力を重ねるからこそ、人間性が磨かれるのも、また事実です。

この本では、これまでのコーチ生活を通じて築いてきた私なりの指導法や、勝負に挑む上での考え方などを紹介しています。私はこれまでにさまざまな選手と接してきました。そして、試行錯誤を繰り返す中で、多くの方々から貴重なアドバイスをいただき、たくさんの失敗を経験しながら、いろいろなことを学んできました。その歩みをお伝えすることが、みなさまにとってなんらかのヒントになれば幸いです。

第1章 勝負はさまざまな要素で構成されている――大橋悠依選手が東京2020で勝った理由

第２章
才能と努力――勝つ選手と勝てない選手の違い

第3章

コーチングの心得——指導者としての私の原点

第4章

私の育成論——大切なのは人を育てること

EPILOGUE

第１章

勝負はさまざまな要素で構成されている――大橋悠依選手が東京２０２０で勝った理由

レースは7人全員を相手に戦うわけではない

水泳は通常、一つのレースで8人の選手が泳ぎます。もちろん、8人全員に勝つ可能性があるのですが、では、選手が自分以外の7人すべてと勝負しているかというと、そうではありません。みんなを相手にしていたら、「あれもしなければならない、これもしなければならない」となり、手が回らないことがどんどん増えていきます。ですから、「ターゲットはこの選手だ」と焦点を定めて、準備をしなければなりません。

特にオリンピックや世界選手権のような大舞台で金メダルを狙う際は、割り切って、ターゲットを一人に絞ることが大事になります。必ず勝てる国内のレースでベスト記録を出すというのであれば、相手のことを考える必要はありません。そういう状況ではプレッシャーがないので、自分の力を発揮することに集中すればいいでしょう。しかし、オリンピックで金メダルをとりにいく場合は、たいていが「1対1」の戦いになるものです。

私がそれを実感したのは、北島康介選手のコーチとして臨んだ2004年のアテネオリンピックでした。そのときの100メートル平泳ぎはアメリカのブレンダン・ハンセンとの一騎討ちでしたが、200メートルはハンセンのほかに当時15歳のダニエル・ギュルタというハンガリーの若い選手がいました。私の中には、「途中まではハンセンと競るけれど、最後にギュルタがきそうだな」という感じがありました。

アテネオリンピックでは、サブプールの横のテントにパソコンが1台だけ置いてあり、インターネットでさまざまな試合の結果を検索することができました。私はそれを使ってハンセンとギュルタの過去のレースを振り返りながら、あれこれと作戦を考え、頭を悩ませていました。すると、当時日本水泳連盟の競泳委員長だった青木剛先生がいらっしゃって、「平井、相手は一人に絞ったほうがいいぞ」とアドバイスをくださったのです。「なるほど！」と思った私は、「相手はギュルタだ」と腹を決め、対策を考えました。

結果として、レースは予想通りにハンセンが終盤にバテて脱落し、ギュルタが伸びてくる展開になりました。前半から落ち着いてハンセンと競り合っていた北島選手は、150メートルのターンのあとも自分の泳ぎを続け、最終的に勝ち切ることができました。もし彼ら二人を相手にしていたら、おそらく、最後にギュルタにかわされていたかもしれません。

東京2020で2個の金メダルを獲得した大橋悠依選手のレースでも、同様の駆け引きがありました。

実は、400メートル個人メドレーにおいて、私が大会前に警戒していたのは、中国の叶詩文という選手でした。叶は後半に強いタイプで、前半から飛ばしていく大橋選手にすれば、後ろを気にしながら泳がなければならないので、イヤな相手です。また、叶にはオリンピックでの実績もあり、彼女との勝負になったら、分が悪いと感じていました。ところが、大会の10日前くらいになって、叶が400メートル個人メドレーに出ないことがわかったのです。これによって目の前がパッと開け、新しい戦略で挑めることになりました。

叶が出場しないことになったので、警戒する相手は、かつての絶対王者で世界記録を持つハンガリーのカティンカ・ホズー、アメリカの選考会で優勝したエマ・ウェイアント、同じ選考会で2位に入ったハリ・フリッキンガーの3選手に絞られました。このうち、ホズーは、たくさん泳ぐことで調子を上げていくタイプです。2016年のリオデジャネイロオリンピックでは数多くのレースに出場し、金メダルをとった種目については、勝っただけでなく、タイムも優秀でした。しかし、その後は年齢が高くなったこともあって、一つの大会で出る種目数が減り、なおかつ、記録はジリジリと下降していました。

ここはコーチとしての勘になりますが、あれだけ多くの種目に出て、体がきつい状態でもすごいタイムで泳いでいた選手が、種目を減らしているのにピークパフォーマンスから遠い状態にあるのだから、これはおそらく、以前のような力がなくなってきたのだろう、そう推測しました。実際に、東京2020が開幕して、サブプールでホズーを見かけたときには、かつての自信に満ちあふれていた頃のオーラがまったくなくなっていました。その時点で、私は、頭の中からホズーのことを消しました。

そうなると、残るはアメリカの二人です。アメリカのオリンピック選考会で2位だったフリッキンガーに関しては、予選で大橋選手と同じ組になって一緒に泳いだときに、この選手ではないなと感じました。逆に、選考会で優勝したウェイアントは、最終組で予選トップのタイムを出すなど、すごくいい状態でした。タイプ的にも、ウェイアントは最後の自由形が強かったので、こちらをターゲットに定めました。

一方の大橋選手の状態はというと、予選では最初のバタフライはよくなかったのですが、次の背泳ぎがまずまずだったので、ここは気持ちよくいかせようと決めました。バタフライであまり力を使いすぎなければ、その後の平泳ぎと自由形のために余力を残すことができます。ただし、平泳ぎはベストタイムよりもかなり遅く、直す余地があったので、その日の夜に「平泳ぎがカギだね。あした、またアドバイスするから」と伝えました。翌日の決勝当日は、バタフライで無理をしないこと、平泳ぎのストリームラインをつくりながらのテンポアップなど、現状で最高のパフォーマンスを出すための作戦を伝えました。特に平泳ぎから自由形に変わったときのラップが勝負だと思ったので、「そこで強気にいこう」という話もしました。

果たして大橋選手は、本番の決勝で私たちのイメージ通りのレースをしてくれました。ポイントとなったのは、３００メートルでターンしたあとの自由形で、

350メートルまでに大きく引き離した場面です。あれで会場がワーっと沸き、勝てる雰囲気が生まれました。自由形が強いウェイアントにすれば、追いつくはずだったところで逆に離され、「えっ⁉」となったと思います。

相手が自由形が強いからといって、こちらもそれに合わせて力を温存すると、350メートルで追いつかれてしまいます。そうなると、追いかけるほうは元気になり、力がまた出ます。ですから、350メートルで引き離し、とても追いつける差ではないと相手に思わせるのが我々の作戦でした。

最終的に勝ったといっても、0・7秒ほどの差ですから、作戦は成功だったと思います。あとで聞いたところ、大橋選手は、最後はバテバテだったようで、「鋭いタッチができないくらい疲れていた」とのことでした。

相手をウェイアントに絞っていたからこそ、そうした思い切った作戦に踏み切ることができました。ゴールの前に力がなくなり、逆転されてしまうかもしれないのに、力を先に使うのは、非常に勇気がいるものです。オリンピックの決勝の場面で作戦通りに泳ぎを実行できた、大橋選手の本番での気持ちの強さが、金メダルを呼び寄せたのです。

1対1での戦いに焦点を定める

»

相手を一人に絞ると

自分と相手の強みや弱みを比較検討し、思い切った作戦を立てられる

»

7人すべてを相手にすると

あれもしなければ、これもしなければと考え、手が回らなくなり、選手も混乱する

ライバル関係が長くなると、相手がどうやって戦ってくるかがわかってきます。たとえば、北島選手とハンセンのケースでは、ここで意地になると負けるというポイントがありました。前半でムキになって対抗すると、最後にバテるので、前半は抑え気味にいくことが重要でした。自分のベストのレースをして、いいタイムを出せば勝てるという状況でも、相手がいて、お互いに意識し合うと、なかなか思い通りにはいかないものです。北島選手とハンセンのレースをビデオで振り返ると、意地の張り合いでひどい泳ぎをしていることが、しばしばありました。

今回の大橋選手の場合は、新しく台頭してきたウェイアントが相手だったので、作戦に集中しやすい側面があったのは確かです。よく知っている叶詩文やホズーが相手だったら、おそらく、また違った展開になったでしょう。そう考えると、レースがいかに複雑な要素によって左右されるかということをあらためて実感します。

「相手との勝負」と「タイム」

水泳競技の特徴として挙げられるのは、「相手との勝負」と「タイム」という二つの評価基準がある点です。もちろん、理屈では速く泳いだ選手が勝利を収めるわけですが、大舞台ではプレッシャーや相手との力関係といったさまざまな要素が影響するため、勝った上でベストタイムも出すのは非常に難しいことといえます。戦術や戦略など関係なく、泳いだら勝つという圧倒的なレベルまで力を高めた上で、ベストタイムを出して勝つのが理想ですが、そんなレースは過去すべてのオリンピックの歴史を振り返っても、数えるほどしかありません。

そして、いうまでもなく、オリンピックは勝負の場です。「負けたけど、いいタイムが出たからよかった」とはなりません。そのため、タイムよりも勝負を優先して戦い方を考えなければならないケースがしばしばあります。

そうした視点で東京2020の大橋選手を振り返ると、まずいえるのは、大会前の彼女の調子が決してよくなかったことです。400メートル個人メドレーのベストタイムは２０１８年４月の日本選手権で出した４分30秒82ですが、２０２１年４月に行われた東京２０２０の選考会で記録したタイムは、それよりも５秒近く遅い４分35秒14。勝ったとはいえ、記録がよくなかったので、大橋選手は自信を失ったような状態にありました。

しかし、物事は考えようです。選考会で素晴らしい記録を出していたら、メディアに「◯メダル相当」といった騒がれ方をしていたかもしれません。そうなれば、初めてオリンピックに出場する大橋選手には、相当なプレッシャーがかかったでしょう。今思うと、過剰な期待が寄せられなかったことが、小さくはないプラス要因になったと感じます。

それまでの取り組みと、こなしている練習から推測すると、オリンピックで自己ベストを更新するのは難しいが、４分32秒台の前半までは持っていけるとの手応えが、私の中にありました。また、ライバルたちの記録をチェックしたところ、アメリカの選考会における優勝タイムは４分33秒台の後半で、４分26秒36の世界記録を持つホズーもさほどいい記録を残していませんでした。最も警戒していた中国の叶詩文が欠場したことにより、自己ベストを出せなかったとしても、４分

32秒台の前半で金メダルをとれる可能性が出てきたのです。

これは推測の部分が大きいのですが、ほかの選手は4分30秒は切ってこないという計算も、私の中にありました。あとは、大橋選手がそれ以上のタイムで泳げるかどうかの問題ですが、その点については伸びる余地がまだあると感じていました。4分31秒台の後半から4分32秒1、2くらいでいける感触がある中で、そうなれば、相手ががんばっても0コンマ何秒かの差で勝てます。ですから、「そこまで持ってこられるかどうかだぞ」ということを本人に伝えていました。

勝利タイムを推測する上で私が参考にするのは、その選手の年ごとの傾向と仕上げ方です。たとえば、7月に世界選手権がある年の4月、5月、6月にどういう試合に出場して何種目泳いでいるか、そして、それぞれの記録はどれくらいなのかといったことを一つひとつ見ていきます。また、東京2020の400メートル個人メドレーについては、アメリカのウェイアントとフリッキンガーが相手になると予想したので、アメリカの選考会の映像を細かくチェックしました。

ちなみに、アメリカチームは代表が決まると合宿を行うのですが、個人メドレーのメンバーはいつも「個人メドレーチーム」として練習します。個人メドレーはオリンピックの序盤に行われるので、どの選手も緊張感を持ってレースに臨みます。そのため、選手の実力と練習してきたことがそのまま結果に表れやすい傾向にあります。逆に、大会が進んでチームとして勢いがついてくると、アメリカの選手は驚くほどタイムを伸ばしてくることがあります。

私は、男子400メートル個人メドレーのアメリカ代表、チェース・カリシュという選手に注目しました。男子400メートル個人メドレーの予選は混戦で、トップタイムは4分9秒台でした。カリシュがどれくらいの余力を残しているかに注目していたのですが、私の印象としては、そこまでの余裕はないように感じました。

東京2020は、夜に予選を行い、翌日の午前に決勝というスケジュールで実施されました。私は2008年の北京オリンピックで同様のスケジュールを経験していましたが、夜の予選は意外に難しいものです。夜は体が動きやすく、しかも、400メートルは準決勝なしの予選と決勝のみという流れなので、予選では、決勝の8人に入ろうと、みんな全力で泳いできます。そのため、予選といっても、レベルが高いレースになりやすいのです。実際、東京2020では、瀬戸大也選手がまさかの予選落ちという結果に終わっています。

そういう点を踏まえると、カリシュにそこまでの余力はなく、決勝でグンとタイムを上げてくることはないだろうと予想しました。２０１６年のリオデジャネイロオリンピックを振り返ると、アメリカの選考会でのカリシュのタイムは４分9秒台でしたが、本番では４分６秒台と３秒も記録を伸ばしました。しかし、予選を見た時点で、今回はそうした伸びはないだろうとイメージできました。そして、そうした傾向は、男子のあとに行われる女子のレースでもあてはまるだろうと考えていたのです。

迎えた決勝におけるカリシュの優勝タイムは４分９秒42でした。選考会から本番までのアメリカチームの取り組みや、夜に予選をやって翌日の午前中に決勝がある難しさ、さらには大会序盤の緊張感を考慮すると、予選のタイムからそんなには上がらないはずと考えた予想が、まさにその通りになったわけです。そして、大橋選手のレースもきっと同じようになるだろうとその時点で確信できました。

自分でも不思議なのですが、こうしたタイムの予測が大きく外れることは、まずありません。今回のレースにしても、結果は大橋選手が４分32秒08で、２位のウェイアントは4分32秒76でした。細かく具体的に予測を立てることができれば、そこまで持っていくためのポイントが明確になります。そのポイントによって、選手は自分がやることに集中できます。ですから、緊張感がある中でも、落ち着いて力を発揮できます。そして、そういう状態でレースに向かわせることがコーチの仕事だと私は考えています。

そのために、私はあらゆるバックデータをチェックします。そして、過去の経験を加味しながら、さまざまな状況を想定し、予測を立てていきます。単なる思い込みではなく、しっかりとした裏づけがあるからこそ、自信を持って選手に伝えることができます。この点は、北島選手をはじめとするさまざまな選手を指導する中で学んできたことであり、コーチとして大事な部分であると思っています。

勝負を左右する外的要因

東京２０２０での大橋選手の戦いをもう少し深く掘り下げてみましょう。

過去のオリンピックと東京２０２０を比較した場合に大きく異なるのは、新型コロナウイルスの影響があることでした。そもそも、大会そのものが1年延期され、大会前から大会期間中まで、さまざまな制約下での活動を余儀なくされました。そのため、準備の進め方をこれまでとは大きく変える必要があったのです。

従来のオリンピックにおいては、私のグループは海外の高所で強化合宿を行い、国内や海外の平地合宿で最後の仕上げをした上で本番の大会に向かうのが、通常の流れでした。海外で合宿を行うメリットの一つとして、トレーニングに集中できることが挙げられます。日本にいると、大会が近づくにつれて、どうしてもメディア対応などが増えますし、いろいろな情報が目や耳にとめどなく入ってきます。それによって、プレッシャーを常に感じ、精神的に疲弊してしまいます。

海外合宿の場合、国内合宿に比べて不便な面はありますが、外部の情報をある程度シャットアウトすることができます。また、たとえば、スペインのシエラネバダなどに行くと、水泳に限らず、さまざまな国のさまざまな競技の選手がオリンピックに向けてトレーニングをやっているので、孤独感を抱きません。大会が近づいてメンタル的に追い込まれてくると、なんで、自分だけがこんなに辛い思いをしているのかとネガティブに考え、逃げ出したくなったりもします。しかし、同じような状況のアスリートが周囲にいれば、みんなこれほどがんばっているのだから、自分もがんばろうと、いい刺激を受けながら練習に励むことができるのです。しかし、東京２０２０の前はコロナ禍によって海外合宿ができなかったので、いつものオリンピック前とは違う閉塞感がありました。そうした状況で、仮に選考会でいい記録を出したとすると、どこにも逃げ出せないまま、大きな期待を一身に浴び、わけもわからずにプレッシャーに押しつぶされていた可能性があります。その意味では、今回の大橋選手は選考会のタイムがあまりよくなかったことで、過度の期待がありませんでした。今になって振り返ると、そこが、本人も含めて人には言えなかったことですが、私にとっては、とても大きなプラス要因としてとらえていました。

オリンピックの2週間ほど前の話ですが、大会が目前に迫っているのに調子がなかなか上がらない大橋選手が、このまま泳いで結果を残せるのかとの不安感から、情緒不安定な状態になってしまいました。しかし、そこまできたら、やり直しはできません。やってきたことを信じてやり抜くしかありません。そこで、「とにかく、あと2週間、できることをしっかりとやろう。悠依がやるなら、俺もできることはすべてやるから」と本人に伝えました。正直、そのときは金メダルなど視界のはるか遠くにあるものでしたが、一方で、大橋選手のためになんだってやってやると腹が決まったのでした。

幸い、選手村に入ってからは本人の気持ちが固まりましたし、トレーナーの方々の懸命のサポートもあったので、調子がだんだんと上がってきました。ライバルたちの状況がわかってきたこともあり、雲の切れ間から光が差し込んでくるような感覚を覚えました。口には出しませんでしたが、「メダルをとる」という目標から、「もしかしたら、金メダルに届くかもしれない」との考えになっていったのです。

ただし、予選が夜で決勝が翌日の朝という前述したスケジュールに落とし穴がありました。夜のレースは体がよく動く状態で泳ぐので、予選といっても、レベルが高くなりやすい傾向にあります。予選、準決勝、決勝と3レースあれば、また違うのですが、予選と決勝の2レースだけとなると、8位以内に残るために予選からみんな必死に泳いできます。実際、アメリカチームの選手たちはみんな予選で自己ベストに近いタイムを出してきたので、やけにがんばっているなという印象を受けました。

私は、2008年の北京オリンピックで同じスケジュールを経験していましたし、2016年のリオデジャネイロオリンピックも予選開始時刻が午後1時くらいでした。ですから、「東京オリンピックは絶対に予選のレベルが高くなる」とずっといい続けていました。一方で、決勝はそこからタイムがあまり上がらないだろうという確信めいた考えがありました。ただし、今回の日本チームには、北京を経験しているコーチがほとんどいませんでした。もしかしたら、それが、東京2020の競泳チームが思うような結果を残せなかった一つの要因だったかもしれません。

400メートル個人メドレーの予選は、先に男子でそのあとが女子という流れだったのですが、金メダルの最有力候補といわれていた男子の瀬戸選手がまさかの予選落ちという結果になり、私はまずいと感じました。スタンドからあわてて大橋選手のところへ駆け下りていくと、案の定、こわばった真っ青な顔で、「先生、怖いです」と震えていました。私は、「結果を考えずに、とにかくやることをやればいいから！」といって送り出しました。

いざレースが始まると、大橋選手の泳ぎは予想よりもかなりいい内容で、さすがにやるなという印象を受けました。大橋選手はとても几帳面で、自分で決めたことはきちんとできるという長所があります。メンタル的によほど大きく崩れたりしない限り、やることはやってくれるはずだという信頼がありました。それが、今回の金メダルの大きな要因だったと感じます。

相手を知ることの重要性

相手との駆け引きに関しては、次のようなエピソードがあります。2004年のアテネオリンピックで北島選手のライバルとなったのは、アメリカのハンセンでした。ハンセンはオリンピック直前のアメリカ代表選考会で北島選手の世界記録を塗り替えるなど、勢いに乗っていました。普通に勝負を挑んだら分が悪いと考えた私は、大会前日のミーティングで「予選から思い切りいくぞ」と北島選手に指示を伝えました。それを聞いた北島選手は「オリンピックって、決勝が勝負じゃないんですか⁉」と驚いていましたが、私としては、予選、準決勝、決勝の3レーストータルでハンセンを倒すという感覚でいました。予選からいい泳ぎを見せ、北島選手のことをハンセンに意識させたいとの思惑があったのです。

なぜ、そう考えたかというと、ハンセンはメンタルがあまり強くないというイメージが私の脳裏にあったからです。

そう考えるのには根拠がありました。アテネ前年の2003年にバルセロナで行われた世界選手権では、100メートル、200メートルともに北島選手が世界新記録で優勝しました。このときのハンセンは、2001年に福岡で開催された世界選手権を制したディフェンディングチャンピオンとして臨んでいたのですが、200メートルでは後半に入ってジリジリと離され、結果として3位に終わりました。そして、北島選手の世界新をレース直後に電光計時板で確認することさえできず、ガックリとうなだれました。その姿を目にした私の中に、きっとこの選手には精神面に弱点がある、という印象が刻まれたのです。

私は、2001年の世界選手権の際にハンセンの姿を初めて目にしました。このときは2000年のシドニーオリンピックで銀メダルを獲得したエド・モーゼスという強い選手がいたのですが、モーゼスは抜群の身体能力を誇る半面、メンタルがもろいといううわさがありました。それで実際はどうなのかと思って練習を見に行ったところ、モーゼスの横にもっと物静かでおとなしそうな選手がいました。それがハンセンだったのです。

結果としてハンセンはその大会で優勝したのですが、そこで初めて私はあの物静かでおとなしそうな選手がハンセンかと彼を認識しました。そして、そのイメージが、2003年の世界選手権で北島選手に敗れてうなだれている姿と一つの線でつながったのです。

結論をいえば、我々の作戦は見事に当たりました。予選と準決勝における北島選手の泳ぎを見たハンセンは、おそらく、北島選手は調子が相当いいようだと感じたはずです。その結果、決勝では力が入りすぎ、自分の泳ぎを崩してしまいました。彼自身、レース後の記者会見で、「キタジマのことを意識しすぎた」とコメントしています。

力が接近したギリギリの戦いでは、こうした駆け引きによって勝敗が決まるこ

予選から全力でメンタルの駆け引きをする

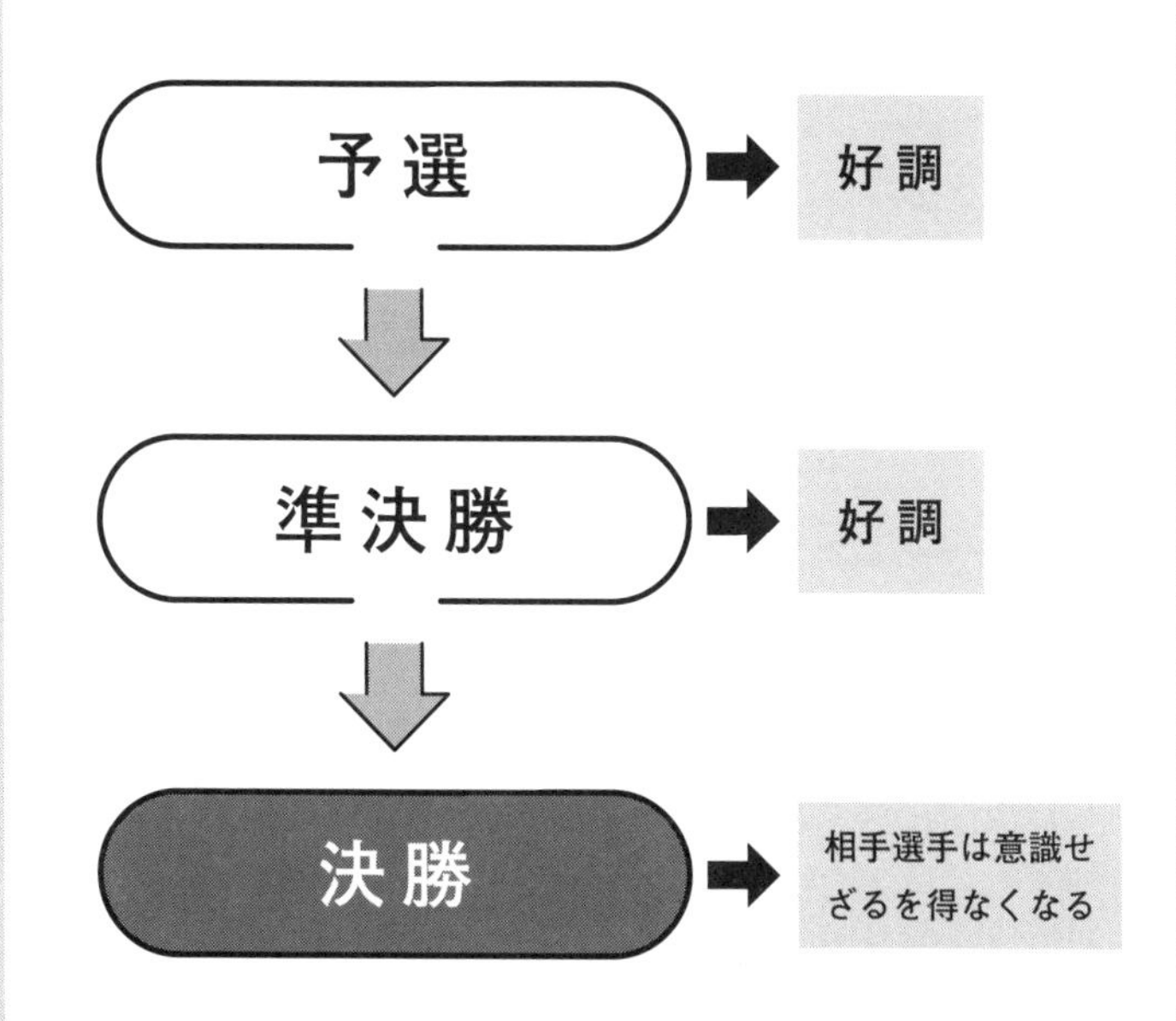

とがしばしばあります。裏を返せば、さまざまな要素で構成されている勝負は、ほんのわずかの差で勝ち負けが入れ替わるのです。

今回の東京2020でも、それをあらためて実感した出来事がありました。女子400メートル個人メドレーで大橋選手のライバルになると予想したアメリカのウェイアントを指導していたのは、男子400メートル個人メドレーで金メダルを獲得したカリシュのコーチでもあるジャック・バールでした。ちなみに、カリシュは2016年のリオデジャネイロオリンピックで萩野公介選手が金メダルをとったときのライバルだったので、私は当時からバールのことをよく知っていました。

2019年の世界選手権に行ったときのことですが、日本水泳連盟競泳委員長の上野広治さんがバールと話をしているところに私がたまたま通りかかったため、彼を紹介してもらいました。カリシュのウオーミングアップがちょうど終わってゆっくりとしていたところだったのですが、そのときにバールが「泳ぐのは選手。私がやることはもう終わった」といったのです。それを聞いた私は、あれっ、案外、おおざっぱなんだなと感じました。

もちろん、最終的に、レースは選手が自分で泳ぐものです。ただし、力関係が五分五分なら、作戦が勝敗におよぼす影響が大きいと私は考えています。単なる自己満足かもしれませんが、仮に今回の東京2020で私が大橋選手になんのアドバイスもせずに、「泳ぐのはあなただから、やりたいように泳ぎなさい」と送り出していたら、おそらく、あの結果にはならなかったでしょう。

自分がやりたいように泳いで速い選手が勝つのであれば、それはただの力比べに過ぎません。現実の試合はもっと複雑で、いろいろな要素によって成り立っています。そうした細かい要素まで気を配りながら、勝利への道筋を考え、レースでそれを遂行できるようにしていくのがコーチの仕事です。そして、そのためには、選手との強固な信頼関係が不可欠になります。それくらいの緻密さこそが日本のコーチングの特徴であり、強みでもあると私は考えています。

アメリカのトップ選手には、問答無用で相手をねじ伏せるような図抜けた力があります。そうした選手に勝とうと思ったら、ただ単に速さを突き詰めるだけでは足りません。選手のメンタル面や指導者のコーチング手法といった、相手のいろいろなバックグラウンドまで理解し、対抗策を練り上げなければならないのです。一方、ヨーロッパの選手にはまた違ったたくましさや勝負強さがあります。東京2020における大橋選手の相手がヨーロッパの選手だったら、まったく異なる戦い方で臨んだでしょう。

私が初めてコーチとしてオリンピックに参加したのは2000年のシドニー大会で、当時37歳でした。その後、41歳で迎える2004年のアテネ大会までの4年の間に、金メダルをとるためには選手とコーチに何が必要なのかを懸命に考えました。その中でたどり着いた一つの答えが、相手をよく知ることでした。今回の東京2020は、その重要性を再認識する機会になりました。

勝負はレースまでの準備で決まる

かつて私が指導し、2004年のアテネオリンピックと2008年の北京オリンピックにおいて、2大会連続で銅メダルを獲得した中村礼子選手には、ロシアのスタニスラワ・コマロワとジンバブエのカースティ・コベントリーという二人のライバル選手がいました。コマロワは予選から力をしっかりと発揮してくるタイプだったので、そこでの泳ぎを見れば、決勝のタイムをある程度予想することができました。一方のコベントリーは背泳ぎ以外、何種目にも出場するため、予選は必ず流して泳ぐ傾向にありました。そして、決勝はセンターレーンではなく、端のレーンに入り、そこから一人でグングンと伸びてくるのです。そのため、そういうことまで頭に入れた上で戦い方を考える必要がありました。

コーチングで大切なのは、正しいトレーニングによって選手の競技力を高めること、大会に入ってからのライバル選手を分析すること、そして、レースタクティクスを設計することです。周りなど関係なく、自分のレースをして勝つという戦い方ができれば最もいいのですが、競技レベルが上がれば上がるほど、そうしたやり方で勝つのは難しくなります。オリンピックや世界選手権などの大きな大会において、そこまでの圧倒的な力を誇示して勝った例は、過去の歴史を振り返ってもそう多くはありません。

私は、選手が発揮するパフォーマンスは、レースに至るまでにどんな準備をしてきたかによって決まると考えています。ここで大切になるのが、選手が自分自

コーチングで大切な3つの要素

1
正しいトレーニングによって選手の競技力を高めること

2
大会に入ってからのライバル選手を分析すること

3
レースタクティクスを設計すること

身でやることに集中できるようにするという点です。

準備段階においては、あらゆる要素を踏まえて対策を考えるわけですが、それをすべて選手に落とし込むのは不可能です。自分がやることに集中できるようにするためには、ポイントを絞って伝えなければなりません。そうやって、選手が迷いなく安心してレースに臨めるように突き詰めて考え抜くことが、我々コーチの仕事であるともいえます。

たとえば、寺川綾選手とともに臨んだ2012年のロンドンオリンピックの女子100メートル背泳ぎでは、こんなことがありました。寺川選手は、金メダルを獲得したアメリカのメリッサ・フランクリンと、予選と準決勝で隣のレーンになりました。予選はお互いに余裕がある中でのレースだったので、私たちは先を見据え、ターンの入り方やタッチなどを試すことにしました。その結果、予選ではかなりの差をつけられて負けてしまいました。

ただし、寺川選手にはまだ余力があったので、準決勝では差を詰めようと考え、スタートからの浮き上がり方、ターンやタッチのやり方を見直して臨んだのですが、それでもタイムはあまり縮まりませんでした。あらゆる可能性を追求し、ギリギリまで作戦を考えた結果、金メダルは難しいとの結論に至りました。そして、とにかくメダルをとるというプランに最終的に切り替えることにしました。

寺川選手自身は金メダルをとりたい気持ちが強かったのですが、そのために強引に勝ちにいくレースをすると、3位以内すら逃してしまう危険性がありました。非常に難しい決断でしたが、最後は本人が納得し、自分の泳ぎに集中してプランを遂行してくれました。そして、当時の日本新記録となる58秒83というタイムを出し、銅メダルを獲得したのです。

金メダルをとるために長い年月をかけて懸命に努力してきたわけですから、寺川選手にとってはすべてが満足できる結果ではなかったでしょう。一方で、ロンドンオリンピックの100メートル背泳ぎで彼女に何か足りないものがあったのかといえば、私はなかったと思っています。寺川選手はできる限りの準備をして大会に臨み、大舞台の決勝で自己ベストとなる日本新記録を出しました。ただ単に、寺川選手がそこまでやり切ったのに、さらに先をいく選手がいたということ。勝負とはそういうものなのです。

決勝のレースだけを見れば、わずかな時間のように感じますが、そこに至るまでの過程においては、さまざまな試行錯誤や駆け引きがあります。大会前の取り組みはもちろん、大会に入ってからも、予選や準決勝を通じて、いろいろなことを考えて試します。そうした数え切れないほどの要素が、決勝でのパフォーマンスに凝縮されているのです。

一方で、大会や決勝の直前になってあれこれと詰め込みすぎるのはよくないということに注意しなければいけません。情報量が多すぎると、頭に入り切りませんし、選手はかえって混乱してしまいます。

繰り返しになりますが、自分がやることに対して、選手が集中できるようにするのが重要なのです。受け取れる許容量は選手によって違いますが、キーポイントは最大で3つまでに絞るべきだと私は考えています。しかし、実際には、コーチが伝えすぎているケースや今になってそれを伝えても遅いケースが多いように感じます。

本番間際にできることには限界があります。だからこそ、必要なスキルや動作をオートマチックにできるように、それまでに身体化しておかなければなりません。最近、「次に向けて修正する」とレース後に話すのをよく耳にしますが、その段階で変えられる範囲は限られています。土壇場になって動作のエラーや見込み違いに気づいたとすれば、それはその時点で失敗なのです。

東京２０２０の直前や本番でのレースの合間に私が大橋選手に伝えたのは、その何年も前からずっと話してきたことでした。だからこそ、「修正」ではなく、ほんのわずかな「調整」によって、タイムを縮めることができたのです。さまざまな不安がある中でも、そういうレベルまでは持ってこられていましたし、何よりも、自分がやると決めたことをやり切る強さが大橋選手にはありました。それが、金メダル２個という結果につながったのだと思います。

違和感の正体――東京２０２０の金メダル獲得から得たもの

コーチとして私が大切にしているのは、大会を迎えるまでのプロセスです。もちろん、勝負の世界は結果がすべてですが、準備の段階で完璧に近いプロセスを経た上で、目標とする大会の決勝において、最終的に集大成を披露することが、最高の結果につながります。選手をそう導いていくのが、コーチとしての自分の仕事だと思っています。

その観点で振り返ると、東京2020における大橋選手のプロセスは、正直、完璧とはいえないものでした。もちろん、大橋選手の努力があったからこそ成し遂げられたことですし、金メダルを2個もとったのはすばらしい結果です。一方で、自分自身のコーチングに関してはもっとできたと感じますし、小手先だったなと反省する部分が多々あります。

指導者としてのテクニックで帳尻を合わせたような感覚があり、個人的には納得できない部分がたくさん残りました。そこは、勝敗を超えたところで道を極めたいと思う日本人的なメンタリティーが関係しているのかもしれません。

北京オリンピックにおける北島選手の金メダルは、100メートル平泳ぎについては、世界新記録を樹立してのものでした。リオデジャネイロオリンピックにおける萩野選手も、自己ベストで金メダルを獲得しています。つまり、二人は、自分の過去最高タイムを出して勝ったわけです。

一方、東京２０２０の大橋選手は、２００メートルは約０・61秒、４００メートルは1秒26、自己ベストよりも遅いタイムでとった金メダルでした。結果は最高だったのですが、目標としていたピークの状態までは持っていけなかったとの心残りがあり、そうした不完全燃焼の思いが、私の中でなんともいえない違和感になったのだと思います。

ただし、大会が始まって、ほかのライバルたちの状況を見た上で、自己ベストを出さなくても勝負になると感じたのも事実です。うまく泳げばメダル、それもただのメダルではなくて金メダルに届くという感覚が、確実にありました。そうなると、力がまたぐっと湧いてくるものですし、大橋選手自身には考え抜いて立てた作戦を遂行できる力がありました。それだけの努力をこの5年間でやってきたという自負もありました。その一方で感じるのは、そこまで張り切って力を入れなくても、勝つときは勝つのがまた一つの真理ということです。もしかしたら、そうしたやり方のほうが勝てることがあるのかもしれません。東京２０２０の大橋選手についていうと、以前のようなやり方を私が通していたら、おそらく失敗に終わっていたでしょう。

結局は、コーチとしての自分の根底の部分に、選手のポテンシャルを最大限に引き出したいとの気持ちが強くあるのだと思います。さらには、サボって勝って満足していたら、指導者としての未来はないとの思いもあります。ですから、結果がよかったときほど、それは過去の話にしなければならないと思うのです。昔話ばかりしていても、進歩はありません。

私が指導者としてさまざまなことを学ばせていただいた鈴木陽二先生（元日本代表ヘッドコーチ）が１９８８年のソウルオリンピックで鈴木大地選手（初代スポーツ庁長官）とともに金メダルを獲得したとき、我々後輩コーチたちは、ここまで頭を使って戦わなければ、オリンピックで勝てないのかと衝撃を受けました。ただし、それは鈴木先生だからこそできたやり方であり、非常に難しい方法でとった金メダルでした。

私は逆に、金メダルをとることをもっと簡単にしたいと考えてきました。もちろん、簡単にとれる金メダルなどないのですが、ものすごいことをやったからとれたというままでは、そのうちにとれなくなってしまいます。鈴木先生が築き上げてくれた日本水泳の土台の上に、私がさらに土台を積み上げ、そして、次のコーチたちがそこへきたときには、みんながメダルを目指せるようなレベルにしたい、そう考え、ここまでコーチを務めてきました。

その意味でいうと、東京2020の金メダルは、北島選手のときとも萩野選手のときとも違うやり方でとった金メダルになります。コーチとして至らなかった部分が多いと感じますし、極限までは突き詰め切れませんでした。しかし、完璧なプロセスではなくても金メダルを獲得できたと考えれば、次のステップに進んだといえるかもしれません。タイムの想定、相手の絞り込み、作戦の立て方などを工夫することで、際どい勝負をものにできたとの手応えがあります。

私にとって大きいのは、非常に細かい部分まで感覚を共有できる北島という選手とともに、ミリ単位で調整して仕上げていくような経験を若いときにできたことです。我々指導者は、選手とのそういうやりとりを通じて鍛えられますし、コーチとしてのスキルレベルが上がっていきます。鈴木陽二先生には鈴木大地選手がいて、私には北島選手がいました。それは、ほかのコーチにはない幸運なめぐり合わせだったと思います。

北島選手に関しては、オリンピックの舞台に立つはるか前の中学生や高校生の時代にどんな指示をし、それによって彼がどう変化していったかというところまで、私の中に鮮明に残っています。国内の大会で優勝する選手からオリンピック選手へ、さらにはオリンピックのメダリストやその中でも最高の金メダリストへと成長させていくためには、誰もがすることをやっていてはダメだという思いがありました。

東京2020において、大橋選手は、北島選手、萩野選手に続き、私が携わった3人目の金メダリストになりました。振り返って感じるのは、一人目がいなければ二人目はいないし、二人目がいなければ3人目はいないということです。仮にその順番が入れ替わっていたらどうだっただろうかと考えると、これだけの成績は決して残せなかったでしょう。私自身、現在のようには成長できていないと思います。

私はコーチとしての場数を踏むことによって、先を読む力を養えたと思っています。東京2020の結果については、ああ、こんな勝ち方もあるんだなという不思議な感覚を覚えました。勝負は奥が深いものだと、あらためて感じました。

第2章

才能と努力――勝つ選手と勝てない選手の違い

選手の才能について

スポーツの世界では、才能という言葉がしばしば登場します。確かに、才能がものをいう世界ですが、何をもって才能とするかについては、あいまいな部分が多いように感じます。

選手の才能には、身体的な要素もあれば、精神的な要素もあります。現時点で発揮できる才能もあれば、キャリアを重ねた先で発揮される将来的な才能もあるでしょう。そうしたいろいろな要素が組み合わされた総合的な能力をアスリートの才能というのだと思います。

たとえば、北島康介選手はオリンピックで金メダルを4つもとったすごい選手ですが、身体的な才能だけでいえば、彼よりも上の選手はほかにもいました。一方で、精神的な部分や競技に対する情熱などを含めた総合的なポテンシャルにおいて、北島選手は飛び抜けていました。そうした部分で決定的に足りない要素があると、せっかくの身体的才能を完全に開花させることはできません。これは、ほかのスポーツについても同様だと思います。

人間の個性が一人ひとり違うように、選手にもいろいろなタイプがあります。指導者にとっては、なんでもできて我々がやることは一つもないという選手が理想ですが、そんな人間はまず存在しません。以前の私は、身体能力が高くてメンタルも強くて、泳ぎの技術にも優れている選手が一番であり、そんな素質を持った人間を探そうとしたこともありました。しかし、ほとんどの選手は、飛び抜けた強みとともに、何かしらの弱みを抱えているものです。

選手の資質についてある頃から感じるようになったのが、アスリートは意志の強さが重要であるということです。もちろん、優れた身体能力や水をつかむセンスなどは前提として必要なのですが、その上で、自分との戦いに勝てる意志の強さがなければ、どこかで逃げたり投げ出したりしてしまいます。ものすごい才能をいくら持っていても、自分に負ける人間、自分に嘘をつく人間は、本物の勝つ選手にはなれません。

かつて私が指導した中村礼子選手は、非凡な身体的ポテンシャルがある一方で、非常に気が優しく、どうなるかわからない先のことに対して不安を抱いてしまうという性格的特徴を持っていました。ただし、彼女は、自分に嘘をついたり、自分をごまかしたりすることは決してありませんでした。一口にメンタルが強い弱いといっても、いろいろなタイプがあります。中村選手は、気持ちは決して強くないものの、芯は強いタイプでした。

そこで私は、彼女の気が優しいところを指導者としてなんとか補うことはできないかと考えました。通常、才能とは誰かが補ってくれるものではなく、その人自身がもともと持っているものであり、それを引き出すのがコーチの役割だと考えられています。しかし、私は自分がそばで時間をかけてサポートしていけば、才能の部分を徐々に向上させられるのではないかと考えました。芯の強さがある彼女は、ポイントになるところをこちらが補佐したところ、実際にいろいろなことがスッとできるようになっていきました。

才能があってまったく手がかからない選手は、おそらく、その大半が早熟といわれるタイプだと思います。すべての要素が13歳から14歳くらいでほぼ完成し、指導者によって見出されたときには、すでに高い次元でパフォーマンスを発揮できるようになっている選手のことです。ただし、そうした選手は完成が早い分だけ、成長が頭打ちになるケースが多いのです。そこからさらに伸びていけるのが、天才と呼ばれる一握りの人間なのだと思います。

選手の中には、すばらしい才能を持っているものの、その才能が開花するためにはなんらかのきっかけが必要なタイプがいます。骨格や筋肉の質など、身体的な才能については先天的な要素が大きいのですが、動作や体の使い方については、考えながら練習を繰り返すことで感覚をつかめるようになっていきます。そして、学習能力が高い選手ほど、自分のイメージ通りに体を操れるようになっていきます。その点でずば抜けた能力を持っていたのが北島選手でした。

ミリ単位で動きを修正するような非常に細かい私の指示に対し、彼はきちんと理解した上で、それを遂行することができました。技術的にも戦略的にも、極限まで突き詰めることができました。だからこそ、あれだけの偉業を成し遂げられたのだと思いますし、コーチとして彼と共同作業ができたことは、私にとってかけがえのない財産になっています。

そう考えていくと、スポーツは、最終的には脳の勝負なのかもしれないと感じます。パフォーマンスを構成する要因には、体のコントロールもあれば、精神的

選手の才能とは

身体的な才能

骨格や筋肉の質などに関して、先天的に持っているもの。動作や体の使い方については、考えながら練習を繰り返すことで、感覚をつかめる

精神的な才能

自分との戦いに勝てる意志の強さ。自分に嘘をついたり、自分をごまかしたりしない性格。芯の強さ

勝負を最終的に決めるのは脳

体のコントロール、精神のコントロール、思い切ったチャレンジができる脳の強さが求められる

なコントロールもありますが、それらを司っているのが脳です。脳の働きを成熟させるまでの時間がすごくかかる人もいれば、それほどかからない人もいますが、その時間を想像し、選手のポテンシャルを最大限まで引き出すための最適なコーチングを考えられる人が優れた指導者なのでしょう。

すべての要素がレーダーグラフで最初から満点の選手などいません。デコボコがあったり、欠けたりしているところを少しずつ高めて、バランスがとれた状態に近づけていくのが、我々指導者の仕事です。個人差はありますが、身体的な要素は20代半ばくらいでほぼ完成します。一方、精神的な要素が完成するのはもう少し先になる選手もいると思います。また、脳の働き自体も、訓練によって伸ばしていくことができます。

スポーツの戦いは、勉強でいえば、常に応用問題が出てくるようなものです。明快な答えがない中で、答えを導く方程式を自ら編み出し、思い切ってチャレンジする脳の強さが求められます。あるいはそうした脳の強さこそが、スポーツ選手の才能といえるのかもしれません。

伸びる選手と伸び悩む選手の差

小さいときはそれほど目立つ存在ではなかったのに、コツコツと成長を重ねて世界的なアスリートになる選手がいます。逆に、誰もがうらやむほどの並外れた素質を持っているのに、大成できずに競技人生を終えていく選手もいます。そうした伸びる選手と伸び悩む選手の差は、いったいどこにあるのでしょうか。

自分が選手として泳いでいた頃の私は、才能がある人はたいした努力をしなくても速く泳げるからいいなあと思っていました。しかし、もちろん、現実はそれほど甘いものではありません。たいした努力もせずに才能だけで通用するのは、ある一定のレベルまでです。本物の一流選手になるためには、その才能を自ら磨いていけるようにならなければいけません。

そして、才能を磨いていく上で必要になるのが志です。

才能を持つ選手は、ある段階から、自分の才能と向き合わなければならなくなります。最初は「自己ベストを出したい」だった目標が、競技力が向上するにつれ、「試合で勝ちたい」、「日本一になりたい」と変化していきます。そして、そこから、オリンピックや世界選手権で優勝を目指すレベルになるにしたがい、さまざまなことが自分だけの話ではなくなっていきます。背負いたくないものまで背負わなければならなくなります。望むと望まざるとにかかわらず、注目を浴び、多くの期待をかけられ、常にプレッシャーにさらされた状態で競技に取り組まなければなりません。ただ単に好きで楽しいからという理由でやってきたものが、才能があるがゆえに、それを楽しむだけでは済まなくなってくるのです。

好きだからやるというレベルを通り越して、国を代表する公的な立場でさらなる高みを目指し続けるのは、とても大変なことです。自分の才能を自分で理解し、さまざまなものを犠牲にした上で、膨大な時間をかけて厳しいトレーニングを積み重ね、その才能を開花させていかなければなりません。その過程では、想像を絶するほどの自分との戦いが自己の内面においてあります。それが、自分の才能と向き合うということです。

選手といっても人間なので、当然のことながら、へこたれるときがあります。自分に才能があるという自覚を持ち、なおかつ、やらなければいけないとわかってはいても、精神的や肉体的にきつくなってくると、「もうできない！」とつい投げ出したくなるものです。そうなると、「君には才能があるから、きっとできるよ」という周囲の励ましの声すらも、プレッシャーに感じるようになります。これは、トップアスリートになる過程において必ず通らなければならない試練といえるかもしれません。

私がこれまでの指導経験を通じて感じるのは、そうした試練を迎えたときに自分と向き合える選手ほど伸びていくということです。他人の評価を気にしたり、誰かとの比較でしか自分をとらえられなかったりする選手は、壁にぶつかったときにどうしても行き詰まってしまいます。一方で、自分はこうなりたい、自分はこういうことをしたいという志を持っている選手は、そこでしっかりと自分に向き合うことができます。そして、その志が強い人ほど、どのようにすれば自分の才能やキャラクターを生かせるかを追求し、より大きな壁を乗り越えていけるのです。

大切なのは、人からどう思われるかではなく、自分がどうなりたいかです。そういう志がない選手は、才能がいくらあっても、どこかで必ず頭打ちになります。

才能があって、なおかつ、志もある選手が、より高い目標へと向かっていくことができるのです。また、そうやって自分と向き合って成長していける選手ほど、引退後に社会で活躍できるケースが多いと感じます。

何も、将来は立派な人間になりたい、水泳を通じて自己実現したいなんて殊勝なことを小学生の頃から思う必要はありません。最初は、目立ちたい、かっこよさそうでいいのです。しかし、競技をやっていると、それだけでは続かなくなるときが必ずやってきます。膨大な時間とエネルギーを費やして取り組むので、かけたものにつり合うだけの大きな意味がなければ、そうそう毎日はがんばれません。

そして、そこで必要になってくるのが、なんのためにやるのかという大義です。たとえば、オリンピックで金メダルをとるという目標があったとしましょう。キャリアを重ねて選手として成熟していくと、次に、なんのために金メダルをとるのかという目的を考えるようになります。そうした自分との対話を通じて、なんのためにやるのかという大義を突き詰めると、厳しい試練を乗り越える力が生まれます。これは、スポーツに限らず、仕事に関しても同じことがいえるでしょう。

ただし、それだけの志を持って自分と向き合うのは、簡単なことではありません。自分と向き合うには、自分の弱さとも向き合わなければならないからです。弱さにも目を向けられないと、お金持ちになりたい、有名になりたいといった陳腐な目的しか持つことができず、その結果、試練に対峙したときに簡単にくじけてしまいます。

ジョン・F・ケネディがアメリカ大統領就任した際のスピーチで語った言葉の中に、「国があなたのために何をしてくれるかではなく、あなたが国のために何ができるかを考えようではありませんか」というフレーズがあります。周りにお膳立てしてもらっているうちは、誰かに伸ばしてもらっているに過ぎません。それでは成長の幅が限られます。

一方で、自分はこうありたいという強い意志がある選手は、困難に屈することなく、自ら伸びていけます。極限まで自分と向き合える人間だけが、そうやって成長し、世界のトップレベルまでたどり着くことができるのです。それが、伸びる選手と伸び悩む選手の差なのだと思います。

思考のスキルが成長度を決める

同等の才能があっても伸びる選手と伸び悩む選手がいるように、同じ練習を同じだけやっても、成長する選手となかなか成長できない選手がいます。同じメニューをやるにしても、何を意識してどうがんばるかによって、得られる成果が違うからです。

たとえるなら、「作業」と「仕事」の違いに似ています。「がんばりました、疲れました」という練習では、ただ単にこなすだけの作業に過ぎません。「この課題を克服するにはここが大事だから、こうやって泳ごう」と明確な意図を持って取り組む仕事に比べ、生み出される成果に違いが出てくるのは当たり前といえます。

ターンやフィニッシュで壁に手をつくタッチを例に考えてみましょう。タッチではスピードに乗って鋭く手をつくことが重要なのですが、疲れてくると、そこがついおざなりになり、いわゆる「タッチが流れる」状態に陥りやすくなります。

タイムにすると、コンマ何秒しか変わらないのですが、ハイレベルの拮抗したレースでは、そのわずかな差で順位が大きく違ってきます。

目標を達成するために自分がどんなパフォーマンスをしたいかを意識して練習できる選手は、一つのタッチがどれだけ重要かがわかっているので、どんなに疲れて余力がなくても、最後のタッチまで気を抜かずにやり切ります。そして、そういう姿勢により、やったことがどんどん身についていくのです。

一方で、ただ単に漫然と練習している選手は、「がんばりました。でも、最後にへばってタッチが流れました」で終わってしまいます。これではいつまでたっても課題を克服できませんし、トレーニングの成果を積み上げられません。

いいパフォーマンスを発揮するためには何をしなければいけないかを意識して泳げる選手は、実際の泳ぎで何ができて何ができなかったかを自覚できます。そして、次はこうやって泳ごうというイメージを持った上で次回に臨むことができます。「よく覚えていないけど、無我夢中で泳いだら勝っちゃいました」というのでは、たまたま勝つことはあるとしても、再現性がないので、次につながりません。明確なテーマを持った上で、体を意識して動かせる選手が、成長していけ

意識の違いで成果が変わる

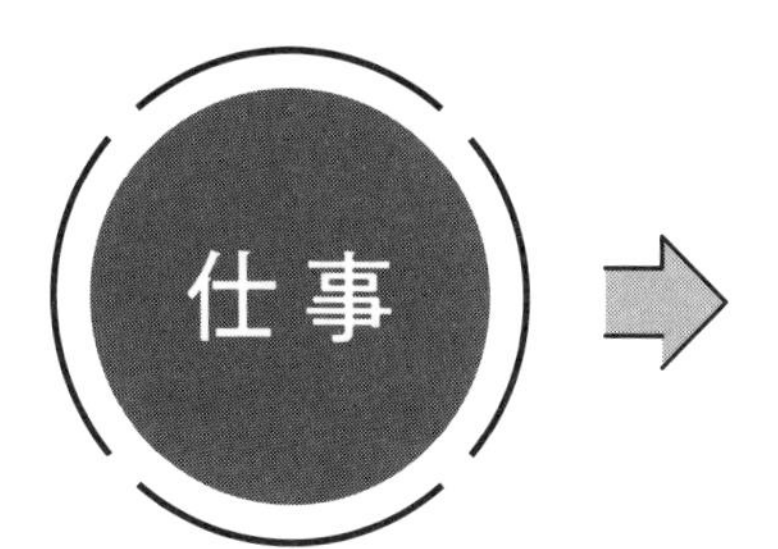

目標を達成するために自分がどんなパフォーマンスをしたいかを意識して練習する。何ができて何ができなかったかを自覚し、次のイメージを持った上で次回に臨める

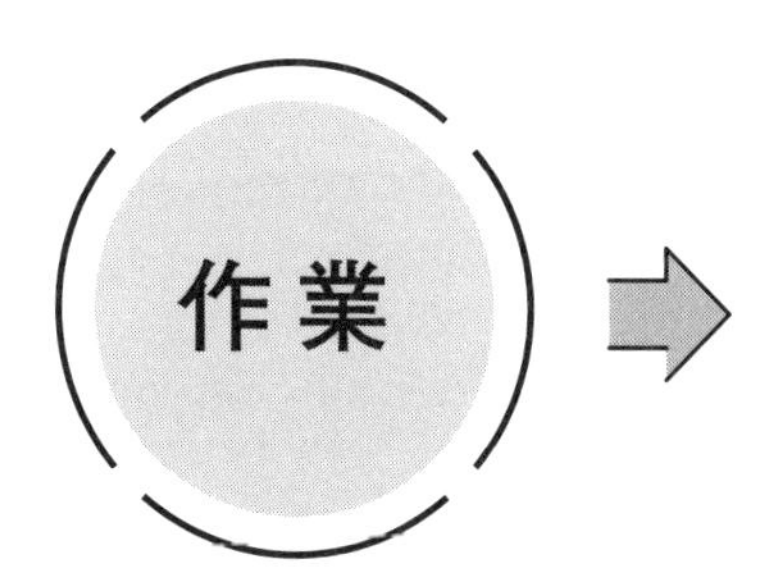

ただ単に漫然と練習する。課題への対策や意識がない。明確なテーマを持っていないので、勝ったとしても理由がわからず、再現性に欠けるため、次につながらない

るのだと思います。

ただし、この点については、指導する側にも問題があります。特に日本のスポーツ現場においては、何度も繰り返し練習することで反射的にできるようにしていくという教え方が、昔から主流でした。もちろん、そのやり方にも、正しい型を早く身につけやすいなどのメリットがありますが、意図を持って自ら考える力を養うという点では、必ずしもベストの方法とはいえません。そう考えると、我々コーチとしては、指導法をもっと工夫する必要があるでしょう。

大学の水泳部で指導していてしばしば感じるのは、任せることの重要性です。コーチの立場としては、どうしても何から何まで教えたくなるものですが、そうすることにより、選手が自分自身で考える機会を奪っている可能性があります。任せられるところは任せるようにしなければ、いつまで経っても、自分で考えて動けるレベルまで成長することはできません。いわれたことをただ単にこなすだけで終わります。

学生の場合、上級生になって後輩を教える立場になると自分自身が成長するというケースがよくあります。人に教えるには、まずは教えることについて自分自身が理解しなければいけませんし、人にわかってもらうには、教え方に工夫が必要です。そうしたプロセスを経験することが、選手を飛躍的に成長させるのです。

人にいわれたことを聞くインプットなら、誰にでもできます。しかし、自分がどう考え、どう泳いでいるかについて、誰かに伝えるアウトプットができる人は、実はあまりいません。なぜなら、アウトプットの経験をほとんどしてきていないからです。アウトプットのスキルは、経験を重ねることで向上します。そう考えると、選手がアウトプットする機会を増やすことも、コーチの大切な役割といえるかもしれません。

いわれたことをその通りにやっていれば、ある程度までは成長します。指導者にしてみれば、「とにかく、いうことを聞いておけ」で済むので、非常に楽でもあります。ただし、そうしたやり方ではすぐに壁にぶつかってしまいます。選手の潜在能力を最大限まで引き出すことはできないでしょう。そうならないためには、ただ単にこなすだけの作業にするのではなく、投げかけや問いかけを常にしながら、思考まで含めてトレーニングするアプローチが必要であると感じます。

競技に本格的に取り組むにあたっては、まずは、その取り組みに対して一生懸命に励む癖をつけるための訓練が必要な時期があります。そして、どこかのタイミングで次の段階へとステップアップしていかなければなりません。いわれたことをとにかくがむしゃらにこなすところから、自ら考えて判断し、自分自身で成長していけるようになることが重要なのです。それは競技を引退したあとの人生にも必ずつながると思いますし、スポーツをすることの大切な意味でもあると考えています。

アスリートに求められるメンタル

スポーツの世界では、「あの選手はメンタルが強い」、「この選手はメンタル面に少しもろさがある」といった表現がよく使われます。ただし、メンタルのとらえ方は人によって違いがあり、どのような選手が実際にメンタルが強いのかについては、あいまいな面が多いように感じます。

たとえば、理不尽な無理難題を押しつけられても、文句一つ口にせずに黙々と取り組めるのは、メンタルの強さというよりは忍耐力の部分でしょう。また、あいつはどんなにきついことをいわれても平気というのも、ものすごく我慢強いか、あるいは単に鈍感かのどちらかだと思います。

私が指導者としてこの選手はメンタルが強いと感じるのは、どんな状況でも己を見失わずに、自分がしようとしていることや、するべきことを最後までやり遂げられる人です。人間は体力が限界に近づくと意志が揺らぎ、楽なほうへと流されやすくなります。

どんなことがあってもやり抜く意志は、人間の意識のかなり深いところにあります。ですから、追い込まれた場合は、「きつい」、「やりたくない」、「眠い」、「おなかがすいた」といった、浅い階層にある第一次欲求や第二次欲求のほうが、どうしても先に顔を出します。そこで負けない選手、どんなにきつくてもフォームを崩さずに泳ぎ切れる選手こそが、メンタルが本当に強い選手なのです。北島選手や寺川綾選手などは、まさにそうした目的遂行能力が高いアスリートでした。

私がもう一つ感じるのは、メンタルの強さには、生まれながらにして持っている先天的なものと、成長過程で徐々に養われる後天的なものがあるということです。目的遂行能力がもともと高い選手がいる一方で、成功体験を重ねることによって、自信をつけ、さらにはやり抜く強さを身につけていく選手もいます。また、自信をつかむまでの過程にもさまざまなケースがあり、「こんなことで自信がついちゃったの⁉」という人もいれば、「これだけすごい力があるのに、まだ自信を持てないの⁉」という人もいます。

そうした理由から、私は選手本人が少し努力すれば達成できる目標を細かく設定しながら、小さな成功体験を積み重ねていく指導を心がけてきました。たとえば、小中学生のコーチをしていたときは、一年、半期、一カ月、一週間と、小刻みに目標を決めさせ、努力することで目標に到達できたという達成感を何度も感じられるようにしました。そうすると、子どもたちは目標を達成するたびに、目的意識を持って取り組むことで目標に到達できるという小さな自信を得られます。そうした経験を積み重ねながら、自信が雪だるま式にどんどん大きくなっていったのが、北島選手のような選手なのだと思います。

これは水泳に限らず、どの競技にも共通するプロセス、選手が成長していく上で必要なプロセスであり、そのプロセスを体験することこそが、スポーツに一生

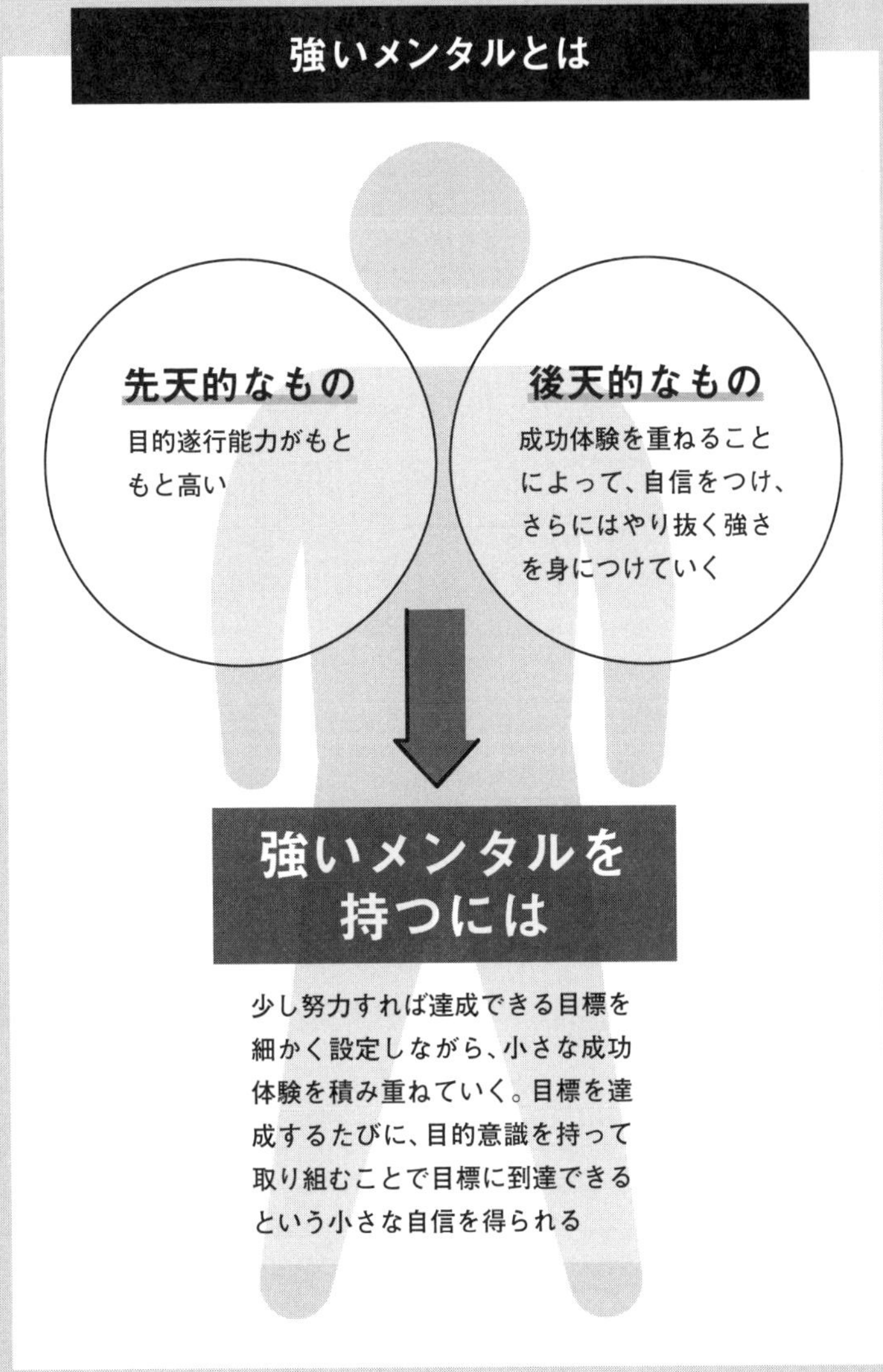

強いメンタルとは

先天的なもの

目的遂行能力がもともと高い

後天的なもの

成功体験を重ねることによって、自信をつけ、さらにはやり抜く強さを身につけていく

強いメンタルを持つには

少し努力すれば達成できる目標を細かく設定しながら、小さな成功体験を積み重ねていく。目標を達成するたびに、目的意識を持って取り組むことで目標に到達できるという小さな自信を得られる

懸命取り組む重要な意義であると私は考えています。スポーツを通じて、困難を乗り越え、目標を達成する力を身につけることができたならば、選手を引退したあとの人生において、より大きな意味を持ちます。得意なことやできることだけをやっているようでは不十分で、失敗や挫折を味わいながら、懸命に努力して壁を乗り越えるのが大事であり、それを最もわかりやすく実感できるのが、スポーツのよさだと思います。

また、年齢を重ねて選手として成熟していくと、水泳の中だけでは水泳の悩みを解決できなくなってきます。人間としての考え方の幅をキャリアに応じて広げていかなければ、成長が頭打ちになってしまいます。「一つのことに没頭する」といえば、聞こえはいいのですが、水泳以外のほかの世界のことも知らないと、考え方がどうしても凝り固まり、そこで停滞してしまいます。考え方に柔軟性や幅が必要であることも、アスリートのメンタルをとらえる上での大切なポイントだといえます。

本気でスポーツを極めようというなら、勉強したり、本を読んだりするべきだと私は思います。友だちと思い切り遊んだり、恋人と映画を見に行ったりするのもいいでしょう。そうした経験によって豊かな感性を育めば、競技において必ず大きな力になります。

行き詰まって伸び悩んだケースを見てみると、自分はこうやって成長してきた、自分はこれで成功したといった具合に、自分の枠の範囲にとどまっていることが多いものです。そう思っていること自体がそもそも間違いで、勝てない人ほど、昔のよかったときを振り返りたがります。しかし、過去の成功体験にすがっていても、それ以上の成長はありません。次のステージに進むためには、いろいろなことを捨てなければならないのです。新しいことにチャレンジできる人が、どんどん伸びていきます。これも、アスリートのメンタルで大切な部分だと感じます。

勝負では偶然勝つことがあるため、一度だけ勝つ人はそれなりにいます。しかし、勝ち続けられる選手はそう多くはいません。なぜならば、勝負はその都度変わるもので、同じレースなど、一つとしてないからです。

「勝利の方程式」という表現がよく使われますが、いつも同じ方程式で勝てるほど、勝負は甘くありません。Ｈｏｗ Ｔｏ本を読んだからといって、誰もが成功できるわけではないことからも、それは明らかです。前回はこういう条件だったから、この式が成り立ったが、今回は条件が違うので、変数をこう変えなければならないといった具合に、レースによって式を書き換えられるのが、勝ち続けられる選手なのです。

同じことをやっているから何度も勝てるのではなく、むしろ、毎回変えられるからこそ、繰り返し勝てるのです。変わらないのは成功という結果だけで、そこにたどり着くための方法論については、そのたびに変えて対応していかなければなりません。そうしたしなやかさも、アスリートのメンタルを構成する大事な要素の一つであると思います。

成長し続けることに意義がある

一口に成長といっても、常に一定の割合で右肩上がりに伸びていくわけではありません。身体的な発達やトレーニング環境の変化によって急激に成長する時期がありますが、それがずっと続くわけではなく、伸び率は必ずどこかのタイミングでなだらかな角度になっていきます。たとえば、メジャーリーグでは大谷翔平選手が大活躍していますが、ここ3年ほどの成長具合が今後10年間ずっと続くかといえば、そうではないでしょう。

右肩上がりだった成長曲線は、次第に横ばいになり、ある一定の成績を維持するようになっていきます。アスリートにとっては、この横ばいになったときが大切なのです。一見すると停滞しているように映るこの時期に少しずつでも向上していくのが成長し続けることであると、私は考えています。

急激に成長する時期は選手にとって楽しいものですし、やればやるだけ記録が伸びるので、何も心配はいりません。しかし、伸び率が鈍化してくると、あれこれと悩んだり、モチベーションが低下したりします。すると、競技をするのが楽しくなくなり、それに伴って、パフォーマンスがどんどん落ちていきます。その結果、これが限界なんだと考えて引退してしまうケースがしばしばあります。

ただし、記録が以前ほど伸びなくなったからといって、そこで選手としての成長が止まったとはいい切れません。発達期のように急激には伸びなくても、少しでも成長しようと一生懸命に努力するところに大事な価値があります。高みを目指してそのようにチャレンジし続けることが、スポーツをやる意義といっていいかもしれません。

そして、横ばいに近い状態でも少しずつ成長し続けるためには、競技をやっているからこそできるさまざまな経験をすることが、とても大切だと感じます。私は担当する選手と海外合宿などに行くと、海や観光地に行って一緒にのんびりしたり、宿舎でその土地のチーズやお酒を一緒にたしなんだりする時間を大事にしています。それは、水泳をやっているからこそ得られる特別な経験をさせたいと思っているからです。競技を通じてそうした楽しさを味わうと、選手はいろいろなことに興味が湧くようになっていきます。北島選手は、アテネオリンピック前後に私が話したことをよく覚えています。10数年経ったあとでも、「あのとき、こういうことを話してくれましたね」と覚えているのです。

実は、北島選手や中村選手の前に指導していた選手たちには、「速くなれ、速くなれ」といって、とにかく練習ばかりさせていた時期がありました。水泳だけに集中させるそのやり方では、一定のレベルで頭打ちになった選手もいました。そうではなく、水泳を続けるためにも視野をいろいろと広げる必要があること、競技を続けるからこそ体験できる楽しさがあることなどを示唆するようになったので、選手がもうひと伸びできたと感じます。

前項でも書きましたが、さまざまな経験によって人間としての幅を広げたり、人に対して関心を持ったりすることは、競技力の向上に必ずつながります。最初の入口は水泳だとしても、その中に入ったあとは、そこから外へ目を向けたほうがいいのです。それができる人は、新しいチャレンジもできるようになります。

逆に、中にずっと閉じこもる人は、ほかの世界を知ることができず、いずれ伸び悩んでしまいます。いろいろなことに興味を持つのは、アスリートにとって、とても大事な要素です。一つの物事に特化したところから、幅が大きく広がるまでになると、成長し続けることにつながります。

もちろん、最初の段階では、一つの物事に一心不乱に打ち込むべきでしょう。しかし、ずっと一つの物事ばかりだと、成長がなだらかになったときに精神的に追い込まれ、楽しくなくなります。そして、若くしてやめてしまったりするのですが、それはすごくもったいないと感じます。実は、そこからが、スポーツを本当に楽しく感じられる時期だからです。

競技をやめれば、さまざまなプレッシャーから解放されるので、いろいろなことが楽しくなるかもしれません。一方で、引退しなくても楽しいことはたくさんあります。トレーニングを一生懸命にやって勝負に勝ったり、オリンピックに出場してメダルをとったりするのは、すごく大事なことですが、それがすべてになってしまうと、だんだん辛くなっていきます。もちろん、それもすばらしい経験です。しかし、それだけがスポーツを通じて得られる経験ではありません。スポーツを楽しく感じられるところにたどり着いたからこそ見えるものがあり、行ける場所があるのです。そして、楽しさを感じられるかどうかが、選手として成長し続けられるかどうかを決めるのだと思います。

大人のアスリートになるのは、なかなか難しいものです。いい成績を残して有名になると、チヤホヤされたり、いろいろな誘いを受けたりするようになります。それもいいかもしれませんが、そういうのがなくても、楽しいことはほかにたくさんあります。それを理解できる人が、本物のトップアスリートになれるのでしょう。

一生懸命取り組んでいるときは、どうしても、取り組んでいることそのものがすべてになりがちです。しかし、あるラインを乗り越えると、それはすべてではなく、いろいろな物事があるうちの一つに過ぎないと思えるようになります。

がんばって結果を残せば、いろいろなことを経験できるようになります。新しい発見が毎日のようにあり、楽しいことが日々たくさんあると感じられます。そして、そうした楽しさを経験できるのは競技に真剣に取り組んでいるからこそだということに気づけるでしょう。そこに気づけば、それがアスリートとして成長し続ける原動力になると思います。

第3章

コーチングの心得——指導者としての私の原点

私が指導者の道に進んだ理由

早稲田大学の水泳部に所属していた私は、2年生の2月頃に選手からマネージャーに転向しました。ちょうど1984年のロサンゼルスオリンピックが開かれる年で、そのときにマネージャーとして担当したのが、現在、早稲田大学水泳部のコーチを務める奥野景介君です。私は指導者の真似ごとのような仕事をする中で、オリンピックに向かっていく彼をサポートしました。そして、奥野君は自由形の代表に選ばれ、オリンピアンになりました。

私は自分が泳ぐことも好きでしたが、そのまま水泳を続けた先に世界一の大会があるという感覚を正直持っていませんでした。しかし、奥野君が出場したので、オリンピックを初めて肌で感じることができました。選手からマネージャーになったことにより、自分の仕事が世界最高峰の舞台につながっていると実感できたのです。指導者という仕事に対し、憧れのようなものをそのときからぼんやりと抱くようになりました。

当時は4年生のゴールデンウイーク前後に就職先が決まるのが一般的で、私も当初はほかの学生と同じように就職活動をしていました。しかし、自分がネクタイを締めて満員電車で通勤する姿をなかなか想像できずにいました。水泳部の男子寮にずっと入っていて、普段はTシャツに短パンあるいはジャージーという生活だったので、そう思うのは仕方がなかったかもしれません。

そんな折に、OB会費の納入をお願いするために先輩方を訪ねて回る機会があり、私は石炭関係の会社に勤務されていた谷村さんという方のオフィスにうかがうことになりました。東銀座まで訪ねていろいろと会話をしたのですが、就職に関する話の中で、「好きなことを仕事にすると、辛くても前向きにやれる」とのアドバイスをいただきました。また、「日本の企業はアメリカの10年あとを追いかけている。これからは銀行が保険商品を売るようになったり、保険会社がお金を貸すようになったりする時代だ。金融関係の仕事だってそうやって変わっていくのだから、今が好調な業界よりも、今後伸びる業界を目指したほうがいい」ということもおっしゃっていました。今思えば、まさにその通りになったわけですが、このときに受けた「好きなことを仕事にすると、前向きにやれる」、「未来を考えて職業を選べ」という二つの助言は、私の心に強く響きました。

自分の実家のことを振り返ってみても、その言葉には納得できる部分が多々ありました。私の家は自営業の洋服屋で、食事をしながらみんなで仕事の話をするような環境でした。しかし、誰かがそれを苦痛に思っていると感じたことは、一度もありませんでした。むしろ、仕事のことを一日中考えながら一緒に過ごす生活を家族全員が楽しんでいたように思います。

谷村さんのアドバイスを受けると同時に自分が育ってきた環境を思い起こすうちに、私は当時行っていた就職活動に疑問を持つようになりました。そして、大好きな水泳に携わる仕事に就きたいとの思いが次第にふくらんでいきました。

水泳部のコーチに相談したところ、就職先として3つのスイミングクラブを紹介していただきました。その中から私が選んだのが、青木剛さんが当時ヘッドコーチをされていた東京スイミングセンターでした。

東京スイミングセンターへの入社が決まったとき、面接していただいた方に最初にいわれたのは、こんな言葉でした。

「先輩コーチが10人くらいいるから、そう簡単には君に出番は回ってこない。もしかすると、10年くらいは出番がこないかもしれないから、待っている間にしっかりと勉強しておくんだぞ」

その言葉を真に受けた私は、筑波大学でスポーツバイオメカニクスの研究をされている先生のところへ仕事が休みの月曜日に行き、話を聞かせてもらうことにしました。社会科学部出身でスポーツに関する勉強をまったくしてこなかったので、その分をなんとか補いたいとの思いからでした。

「10年は出番がないかもしれない」といわれた私でしたが、不思議なことに、10年も待たなければいけないのかとは思いませんでした。むしろ、10年後に自分の番がくるのだから、しっかりと準備しなければいけないと勝手に思い込みました。持って生まれた楽観的な性格のおかげかもしれません。

東京スイミングセンターはオリンピックのたびに選手を輩出するような伝統ある強豪クラブで、1972年のミュンヘンオリンピックの頃からの貴重な資料がたくさんストックされていました。そこで私は過去の合宿のノートなどをコピーして自宅に持ち帰り、東京スイミングセンターのやり方を一から学びました。やろうと思えば、いくらでも勉強できる環境が整っていました。それは、今振り返っても本当に恵まれていたと感じます。

現場の仕事で最初に担当したのは、子どもの初心者や大人の方を対象としたスクールの指導でした。それ以外の時間は、先輩コーチをサポートするアシスタントを務めました。地味な役回りですが、好きで選んだ仕事だったので、それでも楽しくて仕方がありませんでした。どれだけ忙しくても楽しさのほうがはるかに上回っていましたし、好きな水泳に携わって給料がもらえるなんてありがたいという感覚でした。

休みはほとんどありませんでした。定休日の月曜日は筑波大学の先生のところに行くことも多く、ゴールデンウイークや夏休みは合宿や大会がずっとありました。年末年始や春休みも合宿です。合宿に行くと、夜中の12時半くらいまで資料整理をやり、それが終わると、先輩コーチとお酒を飲んでいたので、睡眠時間すら、ろくにありませんでした。それでも、楽しさしか感じませんでした。

私は小さい頃から質問魔で、疑問に思ったいろいろなことを先輩コーチに毎日のように聞いて回っていました。それに対して、みなさんは本当に親身になって答えてくださいました。ヘッドコーチの青木さんをはじめとするプロのコーチの方々から、長年にわたってこられた経験や考えをダイレクトに聞けたので、こんなに幸せなことはありませんでした。

当時の東京スイミングセンターは、日本水泳界を強化する中心的存在のようなクラブでした。膨大なデータやノウハウが蓄積され、水泳選手を育てるファクトリーのような雰囲気がありました。私は、その場にいられることを何よりも楽しく感じていました。指導者としてのスタートをそうした環境で切れたのは本当に幸運なことでした。

思い込みと行動力で開いた扉

私が東京スイミングセンターに入社してちょうど4年目に入った1989年のことですが、ヘッドコーチだった青木剛さんが日本水泳連盟の競泳委員長に就任することになりました。そのため、会社では現場を離れることになり、2番目のクラスを持っていた宮城康次さんという先輩コーチが、青木さんのあとを引き継ぐことになりました。そして、当時26歳だった私が、空席となった2番目のクラスの担当に抜擢されたのです。

「10年は出番がないかもしれない」といわれていた私が、どうしてそんなにも早く選手コースのコーチになれたのでしょうか。最大の理由としては、青木ヘッドコーチの朝練をよく手伝いに行っていたことが関係あるかもしれません。ほかのコーチからは「なんで、お前だけ呼ばれるんだ」と妬まれていたのですが、実際は私が勝手に行っていただけで、青木さんから特別に見込まれたわけではありません。それでも、2番目のクラスをいきなり任せてもらえるようになったのですから、人生は何がきっかけで道が開けるかわからないと感じます。

予想外の抜擢はさらに続きました。その1989年は東京でパンパシフィック選手権が行われる年で、東京スイミングセンターからも選手が選ばれました。その際、東京スイミングセンターで宮城さんのアシスタントをやっていたことから、私がコーチに指名されたのです。

実はこのときも伏線がありました。

その前年にソウルオリンピックが開催されたのですが、私はそこに向けて準備を進めていたセントラルスポーツ所属の鈴木大地選手の練習を見学させてくださいと、前々から青木さんを通してお願いしていました。それに対し、鈴木選手を指導していた鈴木陽二コーチが快諾してくださったおかげで、１９８７年の秋から、セントラルスポーツの練習をたびたび見に行かせてもらいました。

その頃の日本水泳界には、ほかのクラブの指導者と仲良くしてはいけないというような風潮がありました。私のようによそのクラブにズカズカと押しかけていく若いコーチは、とても珍しかったと思います。いわば、ほかのクラブのやり方を盗みに行くわけですから、敬遠されるのが当然ですし、極めて異例だったといっていいでしょう。事実、私も初めてセントラルスポーツへ行くときは敵地に乗り込んでいくような気持ちでしたし、珍しくネクタイを締めてうかがいました。こっそり盗もうとすると嫌われますが、正面から堂々と「見させてください」とお願いすれば、意外に歓迎されたりするので、不思議なものです。

そうしたことから、私は選手クラスのコーチになる前から、ほかのクラブの方々と交流がありました。向こうからすると、おそらくは、なんだか変わった奴がいるなといった感覚だったと思いますが、一度も話したことがない初対面の人間ではなかったのがよかったと思います。そんないきさつがあったことにより、コーチとしてパンパシフィック選手権に帯同する機会をいただいたのかもしれません。

普通なら敬遠されるようなことをお願いしてしまう図々しさは、生来の楽天的な性格のおかげかもしれません。だからこそ、「10年は出番がないかもしれない」との言葉に対し、10年後には自分が活躍する時代がやってくると思えるわけです。今のトップの方々のあとは自分ががんばらなければいけないと思っていましたし、自分たちの時代になったときのために備えておかなければいけないと考えていました。その立場になってから勉強するのではなく、準備しておかなければならないと、勝手に思い込んでいたのです。

どうしてそう思ったのかは今でもわかりませんが、とにかく自分ではそうなると思い込んでいたので、やるべきことをやらなければならないと考えていました。ですから、いろいろなことを勉強したり、いろいろなところへ飛び込んだりするのは、まったく苦ではありませんでした。振り返ると、そのように誰とでも気軽にコミュニケーションをとって明るく楽しくやるのが、昔から得意だったように思います。

私は、小さい頃から、教科書に書いてあることはすべて正しいと考えるタイプではありませんでした。自分が納得しなければ、気が済まない一面があったので、興味を抱いたことについては自ら飛び込み、とことん追求したいと思っていました。コーチになってからは、人に説明するためにはまずは自分が納得しなければならないと考えてきました。

ですから、自分でわからないことは専門家の方に話を聞きに行ったり、本を読んで勉強したりしました。専門家ではないからこそ、素人的な発想から新たなやり方や考え方が生まれ、それが功を奏した側面があると感じます。

たとえば、ウエイトトレーニング一つとっても、こうやるのが一般的という決まったやり方をそのまま取り入れるのでは決まった成果しか挙げられないという考え方です。それに、一般的なやり方はすぐに時代遅れになります。本に書いてあることをそのままコピーするのではなく、自分なりに考えて試行錯誤する中で、うまくいかない経験もたくさんするべきなのです。そうしたことは、指導者に限らず、人間として成長していく上で、とても大切だと思います。

自分がコーチとしてベテランといわれる年代になってきた今、つくづく思うのは、永遠の素人でいようということです。素人だからこそ、いろいろなことに対して、

コーチとしての重要な心がまえ

1 慣習や風潮に臆することなく、ほかのクラブの指導者と積極的に交流し、技術を高め合う

2 教科書に書いてあることがすべて正しいとは思わずに、自分が納得するまで追求する

3 永遠の素人でいようとする。素人だからこその新鮮な興味を抱き、素人だからこその固定観念にしばられない柔軟さで物事をとらえる

4 「自分は専門家だから、なんでもわかっている」という考え方をしない

「諸君はきのうの専門家であるかもしれん。しかしあすの専門家ではない」

司馬遼太郎『坂の上の雲』より引用

新鮮な興味を抱けますし、固定観念にしばられずに物事を柔軟にとらえられる部分が間違いなくあると思うのです。

かつて青木さんに薦められて読んだ司馬遼太郎の小説の中に、「あなたは過去の専門家であって、未来の専門家ではない」といったニュアンスの台詞があったのですが、これだと思いました。長く続けていくうちに、「自分は専門家だから、なんでもわかっている」と考えてしまうのが、最も危ないのです。これは、今も肝に銘じていることです。

コーチとしての土台が育まれた20代

自分のコーチ人生を振り返ってみると、20代の頃から節目節目で貴重なアドバイスをしてくれる方々との出会いがありました。そのときの自分にとって必要なことを教えてもらうために、私自身がそうした人たちを求めて動き回っていたのかもしれません。そして、自分自身に足りないものを伝えてくれる人物に恵まれたのです。

これは、本当に幸運なことでした。

たとえば、ハンガリーのフェレンツ・コバチェジコーチとはとても長いつき合いで、大会や合宿で一緒になるたびに、さまざまな話をしてきました。年齢は彼のほうが10歳ほど上なのですが、気兼ねなく、なんでも相談できる間柄です。ヨーロッパ選手権を視察したときは、ビールをごちそうになりながら、ハンガリーのジュニア強化方針のお話をうかがいました。そういった人づき合いのよさは、自分の取り柄なのかもしれません。日本人は、特に外国人が相手となると、そうした関係を築くのが得意ではない人が多いように感じます。

人から話を聞く上で大切なのは、まずは自分自身がしっかりとした考えと知識を持っておくことだと思います。理解できる人間だと相手に認められてはじめて、相手は深い話をしてくれます。

私が最も返答に困るのは、予備知識がまったくない人から抽象的な質問をされたときです。まっさらな状態なのに、「何か教えてください」といわれたところで、何をどう話せばいいかわかりません。

前述したように、私は質問魔なので、どういう聞き方をすれば、相手が答えてくれるかを若い頃から常に考えてきました。たどり着いた一つの結論は、まずはこちらが話を聞くにふさわしい立場にならなければダメということです。努力して相手と対等に話せるようになれば、より高いレベルで会話ができます。心の奥から相手の考えを知りたいのであれば、まずは相手を知ることが大切なのです。

私はもともと本を読むほうですが、さらにたくさん読むようになったのは青木さんの影響です。青木さんは本当に本が大好きで、いろいろな本を薦めてくれました。私は青木さんのコーチングを勉強したいのではなく、青木剛そのものを勉強したいと思っていました。そして、青木さんと対等に話をするためには、薦められた本を読んでおく必要がありました。読んでおかないと、青木さんの考え方を理解できないかもしれないからです。薦められた本の中には、一見すると、水泳とはまったく関係がないようなものもありました。

若い頃は青木さんの話を聞きたくて、行きつけの飲み屋の中からどのお店に青木さんが行くかを予想し、先回りして待っていることがよくありました。日によってすぐ来るときもあれば、2時間くらい待ってようやく来るときもあるのですが、あるときふと、「司馬遼太郎の本でも読んでみろ」といわれたのです。そして、翌日の練習で会ったときに、「ほら」と何冊か渡されました。

本を読んでいると、自分が求めていた答えにガチッとはまる考え方や発想に思いがけずに出合う瞬間がしばしばあります。司馬遼太郎の本を単なる歴史小説として読むと、おもしろかったやつまらなかったで終わります。ところが、コーチングについて考えたり悩んだりしているときに読むと、探していた答えがパッとひらめいたりするのです。青木さん自身がきっとそういう経験をされてきたからこそ、「本を読め」とおっしゃったのだと思います。

当時、お酒を飲みながら青木さんに聞いた話の中で、もう一つ強く印象に残っている言葉があります。

「人から聞いたり、本を読んだりするのも大事だけど、やっぱり一番は自分で経験することだ」

私がほかのクラブの練習をよく見に行かせてもらっていたので、おそらく、青木さんは戒めの意味を込めて、そうおっしゃってくれたのだと思います。人の話や本から学ぶのも大切ですが、自分で経験することに勝るものはありません。実際に自分でやって、失敗を繰り返しながら身につけていくものこそが、本当の力になります。見たり聞いたりするだけであれば、インターネットを使える今なら、世界中のどこにいても簡単にできます。しかし、青木さんはきっと、それだけでは浅いと伝えたかったのだと思います。

「コーチになって、どんな勉強をしたのか」と聞かれたら、私の場合は「スポーツバイオメカニクスや運動生理学を勉強しました」と答えるのが普通かもしれません。前述しましたが、私は社会科学部出身でスポーツに関する専門的な知識が少なかったので、そうした分野の勉強に多くの時間を費やしました。その一方で、コーチとして何を学んできたかといえば、科学的な知識よりも心理的な要素や哲学的な要素の量のほうが圧倒的に多いと感じます。

特にコーチになったばかりの20代の頃は、理論や方法そのものではなく、物事の考え方を勉強していたように感じます。そこで学んで考えたことは、その後のコーチ人生を通じて、ずっと生きています。そう考えると、20代が指導者として最も成長した時期だったかもしれません。

自分が本当に好きだと思える職業に就いたことで、いろいろなものに前向きに取り組めるようになりました。将来は自分がヘッドコーチになると思い込んで勉強したことが、10年後にかけがえのない財産になりました。まさに、就職活動で悩んでいたときにOBの谷村さんからいただいたアドバイス通りになったわけですが、そういったよき人との出会いに恵まれたのは本当に幸運なことだったと思います。

指導者に求められる資質

選手にさまざまな個性があるように、指導者にもいろいろな個性や能力を持った人がいます。では、指導者に必要な資質とは、いったいどのようなものなのでしょうか。

私がまず大切だと考えるのは、選手の才能を見極める眼です。自分が指導する選手の長所と短所がどういうものであるかをしっかりと把握できれば、その選手をどう導いていくかの道筋が明確になります。理由はわからないが、やっていたら、たまたま成長させることができたといったやり方では、仮に好成績を残せたとしても再現性がなく、その一人だけで終わってしまうでしょう。指導のテクニック以前の

指導者にとって大切なものは、選手の才能を見極める眼だ

問題として、まずはその人の強みと課題を見抜く眼力が重要だと思います。

選手の中には、ちょっとのアドバイスだけで伸びる子もいれば、時間をかけた個別の対応が必要な子もいます。特別に秀でた長所があるとしても、それが開花するまで待てるケースもあれば、待てないケースもあります。短所にしても同じで、すぐに克服できるものもあれば、どうしても補えないものもあります。とりわけ短所に関しては、そもそも克服可能なものであるかどうかを判断できなければいけません。どうしても克服できない短所であれば、そこに費やす時間はムダということになりますし、いい長所がいくらあるとしても、ターゲットとする大会までにそれを発揮できないのであれば、あきらめなければならないケースが出てきます。

指導者の資質として、私がもう一つ大事だと思うのはエネルギーです。ここでいうエネルギーとは、目標を達成するための意欲のことを指しますが、この点については、選手よりも、むしろ、指導者のほうにより必要だと感じます。

この目標を必ず達成するという強い意志が選手自身にもともとある場合は、指導者がさほど苦労しないケースが考えられます。ただし戦うステージが上がり、目指す目標が困難になればなるほど、選手自身だけではエネルギーを維持し続けるのが難しくなることもあります。

どんなアスリートでも、すべてが順風満帆に進むことなど、あり得ません。長い選手生活の中では、いいときもあれば、悪いときもあります。そして、選手が悩んだり、落ち込んだりしたときに指導者が一緒になって落ち込んだら、そのままどんどん落ちていきます。指導者は、そうならないように、何がなんでも立ち上がってやり切るという姿勢を示してあげなければいけません。

エネルギッシュな指導者は、ある大会で優勝したいと思っている選手に対し、その1段もしくは2段上のレベルで物事を考えることができるかもしれません。そうすることによって、さまざまなアイディアや独自性を生み出せます。この大会に勝てればいいという考えでは、発想の範囲がそれ以上は広がっていきません。

裏を返すと、より高いステージを意識しているときほど、エネルギーが生まれやすいといえるでしょう。私は、自分の身の丈の範囲内でしか話せない人よりも、大きなスケールで話せる人のほうに、より強いエネルギーを感じます。そして、そうした人は、自分が担当する選手や所属するクラブのこととともに、国全体の水泳界が発展するためにはどうするべきなのか、世界の水泳界は今後どうなっていくのかなどについて、常に考えています。

日本の水泳を本気で強くしようと思ったら、国内だけでなく、世界の指導者たちとも対等に意見を交換できるようになりたいものです。そして、それができる人たちは、自分が取り組んでいることを仕事やタスクとしてとらえてはいないでしょう。おそらく、使命として考えているはずです。そうした大義を背負っているからこそ、大きなやりがいを感じられるのです。

目の前で直面していることや自分が接している現場のことだけに一喜一憂していては、それ以上のエネルギーは湧いてきません。疲れてくると、きょうはこれくらいでいいかと考えてしまいます。しかし、そのはるか先を行く意識と意欲があれば、「疲れた」などといわなくなります。どれだけ忙しく、眠かったとしても、選手のために朝早くプールに行くのが当たり前だと感じるものです。

結局は、どこまで覚悟を持って競技と向き合えるかということだと思います。私はコーチになった当初から、将来はオリンピック選手を育てると勝手に思い込んでいました。現在は大学教員で、授業で学生を教えるとともに部活動で選手を指導していますが、生活をするためにその仕事をしているわけではなく、もっと大きな大義のために取り組んでいると考えています。ですから、水泳のことを24時間考えていても、まったく苦になりません、一方で、誰もがそうではないということを理解しています。この点については、先に書いたように、自分が育った環境の影響が大きいと思います。

私の家は自営業の洋服屋で、父が生地を売り、母が仮縫いをし、住み込みの針子さんが洋服をつくっていました。さらには祖母が、既製品の服を販売していました。父などは正月の三が日に休むかどうかというほどの仕事人間で、それ以外の人もみんな、夕飯のときまでずっと仕事の話をしていました。生活の中に仕事が融合しているような日常でしたが、みんな決してそれを大変だとは思わず、むしろ、楽しそうにしていました。私は、子どもながらに、この人たちは本当に仕事が好きなんだろうなと感じていました。

そんな状況だったので、私には、ここからここまでがコーチの時間で、それ以外はプライベートという区切りがありません。それが苦でもありません。

私自身が育った環境による感覚は、実は選手を見極める際の一つの指標になっています。どんな家庭環境で育ったかというバックグラウンドも、その選手を構成す

指導者に必要な3つの資質

1

眼力

選手の強みと
課題を見抜く

2

エネルギー

選手がより高い目標を
目指せるように、
指導者自身が大きな志を持ち、
大いに学んで
行動する

3

没頭

これと決めたことに対し、
とことん没頭できる

る大切な要素としてとらえています。

最近は、「ブラック〇〇」といった職場環境の問題が頻繁に取り沙汰されますが、結局は本人の意識やとらえ方次第だと感じる部分があります。休んだりリラックスしたりする時間をとることはとても大切なので、私はそういう時間をつくるように心がけています。一方で、仕事に集中する時間をもっと増やして向上したい、成果を上げたいという人がいるのも事実でしょう。これと決めたことにとことん没頭できるのも、指導者にとって大切な資質だと思います。

指導者の喜びとは

大学卒業後に就職した東京スイミングセンターで私が最初に担当したのは、大人の方々を対象とした教室と子どものスクールでした。同じ水泳でも、オリンピックや日本代表などは文字通り別世界のカテゴリーですが、当時から私は、カテゴリーに関係なく、コーチングはなんておもしろいんだと感じていました。

指導者の一番の魅力は、自分の存在によって相手が変わることだと私は思っています。たとえば、大人の教室で会話もコミュニケーションもなく泳いでいた方が、こちらの教え方や説明の仕方次第で楽しそうに通ってくれるようになったりします。これは、何ものにも勝る喜びといっていいかもしれません。

子どもを教えるのも、すごく楽しい時間でした。スイミングスクールに通えば、泳げるようになるのが当たり前と思われるかもしれませんが、実際はそう簡単なことではありません。最初からパッと泳げる子もいれば、なかなか泳げない子もいます。そうした子たちを教えていく中で、子どもはこうやって泳げるようになっていくのかといった発見が、いくつもありました。

初心者の子どもの指導で私がよく担当していたのが、進級テストで受からなかった子を合格させるという役目でした。これをやるようになったのには理由があります。私は担当する子を進級テストでどんどん合格させていたからです。「平井はなんでもかんでも合格させる」、「いい加減にやっているんじゃないか」という話になり、「だったら、合格できずに残っている子たちを任せよう」と、私のところにこの役目が回ってきたのです。

進級テストで受からなかった子たちを担当したときは、もっと泳げるようになるためにはどうすればいいかを考え、工夫しました。たとえば、目線がどうしても低くなる小さい子は25メートル先がすごく遠く感じるので、管理の方に特別につくっていただいた台の上に立たせ、少し高い目線からプールを見せるようにしたりしました。子どもにとってはそれだけでも大きな違いであり、泳げるようになるきっかけになり得るのです。

そうやって合格した子のうち、一人はのちにジュニアオリンピックで優勝し、別の一人は3位になりました。つまり、その年代でのつまずきなど、どうということはないのです。ほかのコーチがどうしてその子たちを合格させなかったのかはわかりませんが、裏を返せば、子どもの潜在能力を見極めるのはそれくらい難しいといえるかもしれません。

こうしたケースで私が強く感じるのは、減点方式で選手や子どもを評価することの弊害です。見る側に、基準をクリアしているかどうかの視点しかないと、どうしても、これができていないからダメとの結論になってしまいます。そして、そうした視点だと、この子ができるようになるためにはどうすればいいかという考えには、なかなか至りません。

指導者として肝に銘じておかなければならないのは、子どもは初心者指導でコーチからかけられた言葉をずっと覚えているということです。もしもそこで誤ったことを伝えてしまうと、その子はそれがいいのだと信じ、ずっとやり続けてしまいます。だからこそ、コーチは注意し、正しいことを教えなければなりません。

これは先輩コーチが施した指導の話になりますが、日本選手権やインターハイで実績を残していた東京スイミングセンターのある女子選手は、レース中のクロールのターンで遅れる傾向にありました。見ていて気になったので、「もしかして、ターンするときにかかとをついていないか？」と聞くと、「小さいときに先生からそう習いました」というのです。ターンの際は足の裏を壁にちゃんとつきなさいと教えられたそうで、律儀にそれをずっと守っていたわけです。しかし、体を勢いよく回転させたあとは、足の裏全体ではなく、主につま先を中心に壁を蹴るのが普通で、足の裏すべてを壁につけたら、遅くなるのは当然。ですから、そのあと、彼女をプールから上がらせ、陸上で実際にジャンプさせて教えました。

幼少期の子どもはそれくらい素直なので、その年代を指導するコーチの責任は非常に重大です。私は、コーチになって最初の3年間は初心者の子どもを担当したのですが、その経験は自分自身の指導者人生において非常にいいことだったと思っています。

こちらの教え方によって、対象者がよくなることもあれば、悪くなることもあるというのがわかりましたし、工夫の大切さを学びました。4年目から選手コースの担当に移ったのですが、最初の3年間の経験が生きていると感じる場面が、これまでに多々ありました。最初から選手コースを任されていたら、おそらくまったく違ったコーチ人生になっていたでしょう。

自分の存在によって他者が変わるというのは本当に楽しいことですし、指導者としての最大の醍醐味だと思います。ただし、それゆえの落とし穴がたくさんあります。私自身、コーチになりたての頃は多くの失敗をしてきました。教えることによって指導対象者が変わっていくのが楽しかったため、つい必要以上に教えすぎてしまうケースがありました。選手に考えさせていなかったなと反省するケースも多々ありました。

当初から常に意識していたのは、将来的に選手コースを担当したときにきちんと教えられるように、どんな相手に対しても説明の仕方をしっかりと考えるということです。選手コースの指導であっても、大人の教室や初心者の子どもの指導であっても、こちらの声かけによって対象者の変化が違ってくることに変わりはありません。そして、どんなカテゴリーであっても、指導対象者がいい方向へと成長したときのコーチの喜びは不変なのです。

長く続けられる理由

東京スイミングセンターで指導者としての道を歩み出してから35年以上が経ちましたが、疲れたなとか飽きてきたなとは、まったく感じません。まだまだやりたいことがたくさんありますし、コーチとして成長できると思っています。

一方で、自分の周囲を見渡すと、一緒にやってきた同年代のコーチが指導の現場から離れてきている事実があります。スイミングクラブでは年齢が上がってくると、現場を離れて運営サイドに回るケースが一般的です。ナショナルチームに関しても、私は2000年からずっと携わっていますが、そこまで長期にわたってやっているコーチは、ほかには鈴木陽二先生くらいです。

どうして、飽きもせずにこれほど長くコーチを続けられているのでしょうか。自分としては、コーチ業は仕事ではないと考えているからだと思っています。もちろん、私の仕事は選手を指導することなのですが、コーチ業から大学や家庭での時間を含めたすべてが自分の生活と考えているので、もはや仕事ではなく、自分の人生の一部という感覚なのです。まさに「ライフワーク」という言葉がぴったりで、日々の暮らしの中でコーチ業が大きな割合を占めていても、それによって生活自体にストレスを感じることはあまりありません。

その状態がいいことなのかどうか、私にはわかりません。また、そうした生活をほかの人にも求めるつもりはありませんが、コーチとしての仕事が自分にとってまったく苦ではないということだけは断言できます。

一つ感じるのは、コーチとしての自分を演じている人はきついだろうなということです。仕事のときはコーチを演じ、現場を離れたらプライベートの自分に戻る人は、その都度、スイッチを入れたり切ったりしなければなりません。それを続けていると、年齢を重ねるにつれて、疲れや飽きを感じるようになるのは当然だと思います。

私はプールを離れたところでも選手と日常会話をするのが好きですし、一緒に食事をしたり、お酒を飲んだりするのも好きです。もちろん、選手たちは私に家庭があることを知っています。家族が私の仕事現場に来ることだってあります。そうしたすべてをひっくるめて自分の人生だと思っているので、コーチを演じることもなければ、それによってストレスを感じることもありません。

休みがほしいと思うことはもちろんありますし、オリンピックのたびに、これが終わったら、少し休もうと考えるのですが、結局はゆっくりと休息をとった試しがありません。ただし、少しでも時間ができると、すぐにどこかへ行きたくなります。ここ数年はコロナ禍でずっと海外に行けなかったのですが、先日、ヨーロッパ選手権を観戦するために久しぶりにヨーロッパへ行き、ローマに1週間ほど滞在しました。試合の合間には観光をしたり、食事を楽しんだりしました。水泳関係の旅行でしたが、久しぶりにのんびりと一日を過ごし、リフレッシュすることができました。

振り返ってみると、若い頃は犠牲にしていたことが多かったかもしれません。週末や長期休暇のたびに合宿や試合が入るので、友人の結婚式にはほとんど出たことがありません。しかし、当時はそれについては、犠牲を払っているとはとらえていませんでした。

逆に、今は自分でマネジメントすることが増えた分だけ、いろいろなやりくりができるようになりました。人に任せるところがある分、今までは無理だったことに割く時間ができました。いわばコーチ兼マネージャーになったようなもので、これも長くコーチを続けられる理由の一つだと感じます。

コーチをしながらマネージャーもやるなんて大変だろうと思われるかもしれませんが、実際には自分でマネジメントしたほうが楽になることが多いものです。やらなければならない範囲が広がるように見えますが、実は自分でコントロールできる部分が増えるから、楽なのです。それによってストレスが減った結果として、ここまで長くコーチを続けられているのだと思います。むしろ、コーチだけのほうが辛かったでしょう。

年齢的な理由なのか、あるいはスキル的な理由なのかはわかりませんが、コーチングにおいてはマネジメントが重要なのだと、ある時期から感じるようになりました。「自由が利かなくなるから、管理職のような仕事はいやだ」という人がいますが、そういっている人ほど、実は自由がないのではないかと思います。上からいわれたことをやるよりも、自分が上の立場に立ってやりやすいようにつくり替えたほうが、自由度が増します。

そのようにして、自分のキャパシティーを広げる取り組みをいくつかやってきました。社会人大学院に行ったのもその一つです。最終的にはコーチングに収束させるとしても、そこに至るまでの過程においては、デュアルキャリアのような形でさまざまなことに挑戦してきました。ほかの人からは「大変だし、同時にはできないでしょう」といわれるのですが、たいていのことはやっていくうちに要領がだんだんとわかるため、やがてうまくこなせるようになるものです。

自分一人でできないのであれば、誰かに協力をお願いすればいいのです。一つのプロジェクトにかけるエネルギーと時間を減らせば、その分だけ、ほかのことができるようになります。組織としても、そうやって役割を分担したほうが、結果としてプラスになるケースがよくあります。

自分の周りを見ると、長く続けている人ほど、周囲の人をうまく巻き込みながら

指導者を長く続けられている理由

コーチ業は仕事ではないと考えている

「ライフワーク」なので、苦ではない

コーチを演じる

プライベートとの切り替えに、疲れや飽きを感じる

大事なこと

自分一人でできないのであれば、協力してもらう

その分だけ、ほかのことができるようになる

やっているように感じます。その人がいなくても持続できる組織になっているのが理想です。もちろん、実際にはいなければ困るのですが、役割や権限が一人に集中しすぎると、さまざまな面でひずみが出てきます。「俺がいなきゃ、ダメなんだ」と自分でいっている人のほうが、ストレスが多いのではないでしょうか。

一つのことに集中して専念するというと、聞こえはいいのですが、それだけでは自分自身のキャパシティーが広がっていきません。より高いレベルを目指すのであれば、いろいろなことをやるべきです。それが長く続けることにもつながると思います。

学び続けることの大切さ

指導者としての自分のキャリアを振り返ったときに大きな節目だったと感じるのは、北島康介選手が最初に金メダルをとった2004年のアテネオリンピックです。当時の私は40歳を過ぎたばかりの血気盛んな頃で、「北島に金メダルをとらせる」、

「世界新記録を出す」と息巻いていました。周囲からは「何をいっているんだ」、「寝ぼけているのか」といわれましたが、私としては「できるわけがない」といわれたほうが、逆に「見ていろ」と燃えます。それまでのやり方でできないとしたら、それ以外のやり方を編み出して実行すればいいだけだと考えていました。北島選手が世界一になると信じていましたし、「普通はこうだ」といわれること以上のものを常に考えていました。

そうした背景があったので、あのときはそれまでに自分が学んできたことをすべて出し切るつもりで臨んでいました。トレーニングはもちろんですが、メディア対応まで含め、インプットして蓄積してきたことをすべてアウトプットしたのです。当時の私は、外部の人にすごくエネルギーを感じさせる人間だったと思います。

いざ大会が終わると、金メダルをとった充実感以上に、自分がクタクタに疲れていることに気づきました。文字通り、全精力を傾けて臨んだ一大プロジェクトだったので、終わったときに自分が空っぽになったような感覚に陥ったのです。

そのときにふと感じたのは、今の自分にはインプットが必要ということでした。疲れたから、休みがほしいというのとは違います。自分の中に蓄積してきたものをすべて出し切ったので、新しいことをまた取り入れなければならない、いろいろなものから学ばなければならないと感じたのです。知っていることをすべて出したのだから、次のステージに進むためには、それを過去のものにしなければならないとの思いがありました。俺は金メダルをとったコーチで、なんでもわかっているんだという顔をしていたら、おそらく、そのあとはダメだったでしょう。

振り返ると、大きな分かれ道だったと感じるのですが、一つの大きなプロジェクトをやり遂げたときに、自分はこれだけのことができたと満足するのか、それとも、もっと上を目指して次へ進もうと貪欲になるのかで、その人の未来は変わります。私はアテネオリンピックが終わったときに、新しいことにもう一度チャレンジしなければならない、自分にとってプラスになることをもっと吸収しなければならないと思いました。社会人大学院に通った理由の一つはそれです。教室に入った瞬間に、そういえば、大学の授業が嫌いだったなと苦い記憶がよみがえったのですが、こういうときこそ、学びが必要だと思いました。

ちょうどその前後に、海外の選手が私のところへ訪ねてくるようになりました。北島選手のライバルやほかの種目の選手も来て、聞かれてもいないことまで教えたため、周囲の方には異様に映ったかもしれません。「やっていることを盗まれるぞ」といわれたりもしました。

しかし、その経験においては、アウトプットよりも学ぶことのほうが多くありました。他国の選手を指導するという初めての経験を通じて、自分が当たり前だと思っていたことがそうではなかったり、思いもよらない発見があったりしたのです。もちろん、自分の手の内を明かすことにはなりますが、それよりもはるかにインプットのほうが多かったと感じます。海外の選手の強さと弱さを理解できましたし、日本人の強みがなんであるかも、あらためて認識しました。

持っているものを出し尽くしたならば、その次は新しいものを吸収しなければならないと感じるのは、ある意味で当然です。全力でアウトプットするからこそ、その分だけ、学び続けなければなりません。世の中は日々変化し、進歩します。一度うまくいったからといって、同じやり方で何度も勝てるほど、甘くはありません。「虎の巻」というものがありますが、中身を開けてみると、たいていは古臭くてまるで役に立ちません。それをつくった人にとっては神髄であり、宝であるかもしれません。もちろん、成功例は大切にするべきです。しかし、いつまでもそれを引きずっていては、それ以上のものを生み出すことはできません。一つのことを達成したら、その時点でそれは終了しているのです。

あるとき「一つのプロジェクトを終えたら、違うことにチャレンジしなければならない。それを繰り返すことにより、いろいろな物事に共通する普遍性を学べる」といった内容のインタビュー記事が雑誌に掲載され、これだと感じました。北島選手のあとに、彼とはまったく違うキャラクターの選手を育てなければならないと思っていた時期で、北島選手との経験がコーチとしての自分の能力をエクスパンドすることにつながると考えていました。その記事を読み、自分の考えは間違っていなかったと感じたのを今でもよく覚えています。

人を教える立場にいると、自分はなんでもわかっていると勘違いするケースがよくあります。とりわけ、成功を収めたときほど、自分のやり方がすべてと考え、そこから先へは進まない状況に陥りやすくなります。常に学び続ける姿勢を持つことが、指導者にとって非常に重要だと感じます。

人を教える立場にいると、自分はなんでもわかっていると勘違いするケースがよくある。常に学び続ける姿勢を持つことが、指導者にとって非常に重要だ

第4章 私の育成論——大切なのは人を育てること

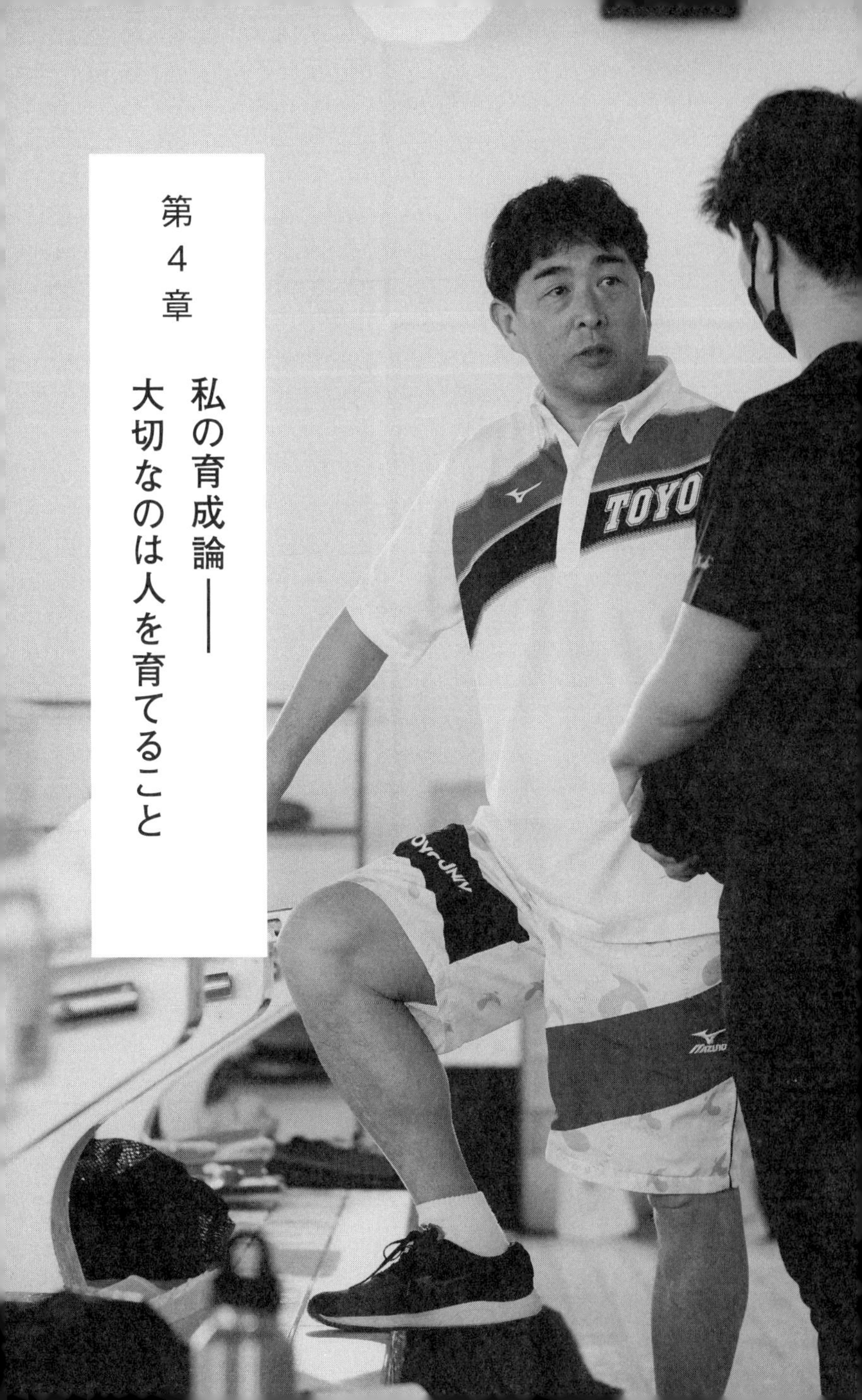

どのようにして、3人の金メダリストを育てたか

選手を育てる、これは、すなわち、人を育てるということです。そして、人を育てるには、まずは何よりも人そのものを好きであることが大切だと私は考えています。

厳しい練習にひたむきに取り組む選手たちの姿を見ていると、この子たちをなんとかよくしてあげたいと強く思います。目の前の一人の人間に対し、どんなふうに言葉をかけたら、わかってもらえるだろうかと深く考えます。それが人を好きであるということですし、指導者の原点といえるでしょう。

練習で泳ぎに関するアドバイスを選手にすると、すごく納得して受け取ることもあれば、疑問に感じているような表情を浮かべることもあります。しっくりきていないようであれば、これは違うアプローチで接したほうがよさそうだなと感

じられることが必要でしょう。この子のポテンシャルを引き出すにはどうしたらいいだろうかと、とことんまで考えることが重要です。人のことが好きかどうかは、そうしたところに表れます。

大学の水泳部で選手からマネージャーになったときに私が最初に感じたのは、才能はすごいなということでした。世の中には自分にはない特別な能力を持っている人間がいて、そうした人間はこちらがどれだけ努力しても到達できないところへ行けるのだということを初めて実感しました。選手をやめてマネージャーになったことは自分の中で屈辱でした。しかし、そのおかげで、好きなだけではどうしても埋められない差があることに気づけました。

そして、実際にそうした才能を目の当たりにしたときに私が感じたのは、どうすれば、この才能をさらに伸ばしていけるだろうかということでした。その人の長所を見出し、その能力を引き出す過程に関わることに、大きな魅力を感じたのです。人間が好きで、人間の才能が好きで、それに携わることを純粋に喜びと感じられるかどうかが、指導者にとっての大切な要素になると思います。

最近、つくづく思うのは、「自分は指導者だから、いろいろなことを知っている。

知識も経験もあるから、選手は、自分がいう通りにやっておけばいいんだ」とのスタンスでは、限界があるということです。これをやっておけばいいとするやり方は、教える側にすれば、とても楽です。しかし、それをずっと続けていると、同じことの繰り返しで次第につまらなくなっていきます。当然のことながら、一人ひとりの異なる個性に対応できません。毎日が自分にとって学びの場であると思えることが、長く続けるための秘訣といえるかもしれません。

指導者としてのキャリアを重ねると、知識や経験が増えていきます。結果が出れば、自信がつきます。それを次の選手に伝えていくのはとても大事ですが、同時に、同じ人間は二人といないということも、しっかりと理解しておく必要があります。ある成功のプロセスをそのまま別の選手にあてはめることはできないのです。

昔の出来事は自分の中でとても大切ですし、次に活用できるものがたくさんあります。ただし、対象選手が変わったら、肝となるエッセンスは伝えるにしても、アプローチの仕方も変えるべきです。新しい選手、新しい人間に向き合う気持ちがないと、どうしても「昔はね…」というやり方に陥ってしまいます。過去はあくまでも過去として考えるべきです。自分自身を常にアップデートし、リニューアルしてきたことが、私が3人の金メダリストを育てられた理由だと思っています。

いちいち新しいやり方をするなんて大変ではないかと感じるかもしれません。しかし、実際には、それまでとは違うやり方を考えたほうがむしろ楽というケースが多々あります。相手にするのは、機械ではなく、人間なのです。考え方や受け取り方は、人によって違います。ですから、表現の仕方や伝え方は、その人に合わせて変化させる必要があります。ちなみに、同じタイプの選手の場合が、逆に細かい違いがわかりにくく、対応が難しかったりもします。

私が携わった3人の金メダリスト、北島康介選手、萩野公介選手、大橋悠依選手は、タイプがそれぞれ見事に違いました。ほかの選手にしても、一人ひとりがまったく違います。前述したように、幸運だったのは最初が北島選手だったことです。北島選手との出会いから金メダルを獲得するまでの過程においての経験や彼から学んだことはとても多く、その貴重さや大切さは計り知れません。それがなかったら、その次は間違いなくなかったでしょう。

自分にとってさらに大きかったのは、中学生の頃から北島選手を指導する中で、中村礼子選手、三木二郎選手、上田春佳選手らを同時期に担当したことでした。北島選手の金メダル奪取計画と並行する形で、中村選手・三木選手のメダル獲得プロジェクト、若い上田選手の育成プロジェクトも進めていたのです。

当時は、「康介のほかに、中村や三木や上田まで見ている暇なんてないだろう」と、周囲からたびたびいわれていました。しかし、振り返ってみると、そこで複数のプロジェクトを同時進行することで得たものは、とても大きかったのです。複数の選手を同時に見るからこそ、一人ひとりみんな違うことを認識できましたし、それぞれの違いをより明確に理解できました。もしも北島選手だけだったら、いろいろなタイプの選手に対応できる、今のような力を身につけられなかったと思います。

あれこれやろうとすると、煩わしさが当然増えますが、忙しいから一つに絞ったほうがいいとは必ずしもいい切れません。その頃の私は、誰もやったことがないようなすごいチャレンジをするには、自分のキャパシティーを広げなくてはいけないと考えていました。ターゲットを絞ることでそこに力を集中させるという考え方ももちろんわかりますが、まったく逆のやり方もあるのではないかと思っていました。今こそが人生のキャパシティーを広げるチャンスであり、そのようにとらえたほうが自分にとってプラスになるとの思いが、私の原動力でした。

もしも北島選手だけに絞っていたら、その後の私は、こんな仕事は自分にはできない、これに専念させてほしいと考えるようになっていたでしょう。しかし、そこでやり切ったことにより、日本代表のヘッドコーチを務めながら、競泳委員長も大学の現場もやるというところまで、可能性が広がったのです。だからこそ、萩野選手や大橋選手を金メダルに導くことができたと考えられます。すべてはつながっていると感じます。

同じ成功をたどろうとしない

私が20代半ばの頃、東京スイミングセンターのヘッドコーチをされていた青木剛さんからいわれた言葉で、今でも強く印象に残っているものがあります。

「同じ失敗をしないのは当たり前のことなんだ。本当に大切なのは、同じ成功をたどろうとしないことだ」

最初は何をいっているのかよく理解できなかったのですが、青木さんから勧められた織田信長の本を読んでいくうちに、どういうことかがだんだんとわかるようになりました。

成功はもちろん素晴らしいのですが、本当に大切なのは、一つの成功にとどまらずに、次の成功に向けてチャレンジし続けることです。成功は成功で、いい経験として引き出しにでもしまっておけばいいのです。ところが、中には、名刺を差し出すようにして、その成功を押し出してくる人がいます。そうした人を見ると、時間がそこで止まってしまっているのではないかと感じます。

目の前の選手を育てる上で一番大切なのは、いうまでもなく「今」です。あのときはよかったと過去の成功を引っぱり出したところで、なんの役にも立ちません。もちろん、本を読んで人の過去から学ぶように、自分の過去の経験から生かせることはあるでしょう。しかし、今戦う大会は、過去の大会と同じではありません。重要なのは今何をするかであり、それが、同じ成功をたどろうとしないということだと思います。

日本にスイミングスクールができ始めたのは1970年代で、当初、指導にあたった方々は、その後、スクールを運営するため、会社の経営サイドに回りました。ですから、私が若い頃の日本の水泳界には、60代のトップコーチは一人もいませんでしたし、50代もほとんどいませんでした。40代がせいぜい数名いるくらいで、大半の方は、30代後半から40歳過ぎあたりで引退していました。

そうした歴史の流れでいえば、私は3世代目から4世代目の指導者にあたります。そして、私が新入社員だった頃にトップで指導されていた先輩方が経営サイドや日本水泳連盟の役職を担うようになったおかげで、あとに続いた我々の世代が逆に長く指導者を続けられた側面があります。また、大学のコーチといえば、以前はOBがボランティアでやるものでしたが、現在はコーチとして大学に雇用される形態が確立されてきました。そうした理由から、最近は長くコーチを続ける人が増えています。

ただし、長く続けられる環境がいいコーチを育むかといえば、そう単純なことではありません。一度成功するだけでもすごいことですが、本当に大切なのは、その成功のあとに何を考えるかです。選手にもこの話をよくするのですが、金メダルをとることは目標であり、目的ではありません。コーチである私にしても、選手に金メダルをとらせるのはあくまでも目標であり、目的ではありません。

それでは、この仕事を続ける目的はなんでしょうか。私自身、まだ人生半ばであり、それに対する明確な答えを出せていません。ただし、一つだけいえることがあります。常に前向きに取り組めるものが自分の中にあり、そして、日々それに没頭できるのは、とても幸せだということです。

「きょうの泳ぎはよかったぞ！」とプールで選手に声をかけ、さらには、あしたはどんな練習をしようかと考えをあれこれとめぐらせることにより、自分の心が豊かになっていくのです。これは、人生において最も贅沢なことではないでしょうか。一生懸命に取り組めるものがある中で、毎日それに向き合うことが、指導者としての私の目的といえるかもしれません。

一方で、目的と目標を履き違えたり、その二つがいつの間にか逆になったりするケースが珍しくありません。オリンピックで金メダルをとったり、世界新記録を出したりすると、社会的評価が上がり、生活水準が高くなります。しかし、それによって、本来は目標だったものが目的になってしまうことがあると思います。選手にとって水泳は人生の一部であり、そこで結果を出すことは、あくまでも目標に過ぎません。勝利のあとに新たな目標を見出せない場合、次はそこへ行くことが目的になりがちです。それでは本末転倒です。

悪いときに反省するのは誰にでもできます。しかし、いいときに、どうしてそれがよかったのかを考えるのは、意外と難しいものです。うまくいったときにうまくいった理由を考える癖がつくと、次への成功のヒントが思わぬところにあることに気づくようになります。ただし、それは、人によってはまったくヒントだと思えないようなものだったりします。この点は、同じ成功をたどろうとしないという話につながる、選手育成の要諦なのかもしれません。

目標と目的を履き違えない

○

目標
としてメダルを狙う

メダルの獲得は、選手の人生の一部である水泳における一目標に過ぎない。結果が出て、そこで終わりではなく、次につなげることで成長する

目的
としてメダルを狙う

メダルの獲得が、目的になってしまう。望んだ結果を出したとして、それですべてが達成された感覚になると、次につながらない。うまくいった理由を考えないと、成長が頭打ちになる

勝利至上主義や勝利の追求と育成

近年、スポーツにおける勝利至上主義の問題がひんぱんに取り上げられます。勝つことだけを追い求めるがゆえに、指導者や保護者が一般的な社会規範から逸脱した行動に走り、その結果、選手が肉体的あるいは精神的に傷を負ったりするのは、スポーツのあるべき姿ではないでしょう。ただし、競技スポーツでは、試合で勝つことが最大の目標です。勝利を求め、そのために努力を重ねる過程において人間性が磨かれるのも事実です。

こうしたテーマについて考えるとき、私がポイントとして重視するのは、選手のゴールは一人ひとり違うということです。

北島、中村、三木の3選手とともにアテネオリンピックに出場したときに、そう思いました。すべての選手が金メダルをとればベストですが、現実にはそんなことはあり得ません。

試合では、絶対的な結果が必ずついてきます。金メダル、銀メダル、銅メダル、決勝進出、オリンピック出場、ベスト記録といったさまざまな結果がある中で、その人なりのゴールを考えてあげることが大切になります。

仮に金メダルをとれる力を持っている選手が3位に終わったら、それは失敗といえます。しかし、決勝に出られれば十分という選手が銅メダルなら大成功です。このように、人によってゴールは異なるのに、それを無視する形で、「絶対に金メダルをとらなければダメだ」と無理強いすることがあります。その結果、本来できたはずのことができずにつぶれるケースがあるのです。よく問題視される勝利至上主義の弊害がそういうことを指しているのであれば、それはあってはならないと思います。

ただし、勝利を追求するのは悪いことではありません。そこでは、自身のゴールにどれだけ真摯に向き合うか、自身の課題をいかにして克服するかといったことが問われます。そして、コーチにとっては、並外れた才能を備え、なおかつ、意欲にあふれて自分を厳しく律することができる選手をその選手が到達できる最高の地点まで導くのが大切な役割であり、責任です。

勝利至上主義と勝利の追求については、はっきりと区別して考えるべきだと思います。

選手は、それぞれが勝利を追求します。選手それぞれには、自身にとってのゴールがあります。そして、さまざまな才能やパーソナリティーがある中で、自分なりのゴールに向かって進んでいかなければなりません。その過程において、どこまで厳しく突き詰めていけるかは、一人ひとりでまったく異なります。

そこまで要求されてもできないという選手もいれば、まだまだできるという選手もいます。自分自身の限界をわかっている選手もいれば、自分が思っているよりもはるか先に限界がある選手もいます。勝利だけを無理矢理求めるあまりに選手を追い詰め、結果として、選手が本来のパフォーマンスを発揮できなくなるのが、最もよくないことでしょう。一方で、勝利の追求から逃避し、持っているポテンシャルを出せずに終わってしまうのも、いいことではありません。

私が指導者を続けてきた中で、勝利至上主義や勝利の追求についてもう一つ感じるのは、物事をスポーツの中だけで解決しようとすると、うまくいかないということです。スポーツをやっているからといって、その限られた枠の中だけで考えると、どうしても煮詰まってしまうのです。

だからこそ、スポーツに携わる人は、いろいろな人と会ったり、さまざまなジャンルの本を読んだりするべきだと思います。自身の競技とはなんら関係がないようなフィールドから、予想外のヒントが見つかることが、よくあります。別のフィールドで学んだ点を自分のフィールドにうまく応用できるようになると、人間性を磨くことにもつながります。

映画などを見ていると、これがさっきいわれたことのヒントになるのではないかと、ふと感じるケースがあるかもしれません。違う分野で活躍する人と話をする中で、そうか、そういうことだったのかと気づくこともあるでしょう。自分は水泳が得意なのだから、とにかく水泳だけをやっていればいいという姿勢では、人間の幅は広がっていきません。

一方、指導者としては、選手への伝え方に注意が必要です。「いわれた通りのことをやっていればいいんだ！」といったいい方だと、根性論で古いやり方と受け取られてしまいます。しかし、「アドバイスされたことをまずはしっかりとやってみようか」といったいい方だと、何か学びがあることを教えてくれるのではないかと興味を持ってもらえます。自分が正しいと思っているフィールド以外のところに関心を抱くように導いたり、新しい気づきがあるかもしれないと考えるように導いたりするのも、選手を育成する上での重要なポイントです。

いい方や伝え方は非常に難しい部分です。選手としては、「つべこべいわずに黙ってやれ！」といわれたら、反発したくなるのが当たり前でしょう。指導者としては、正しいことをいっても、聞いてもらえないのでは意味がありません。ボキャブラリーは必ず必要ですが、言葉が独り歩きしてはいけないので、私は伝え方に気をつけることを常に意識しています。

スポーツを「楽しむ」とは

言葉の独り歩きということでいえば、スポーツで最近よく使われる「楽しむ」というフレーズに違和感を覚える場合があります。

もちろん、楽しむことはとても大切です。ただし、スポーツも人生もそうですが、いいことばかりが続くわけではありません。勝てなくて苦しいときに、楽しくないからやらなくていいかといえば、そうではないでしょう。いいときは思い切り楽しむべきです。一方で、調子が悪かったり、精神的に落ち込んだりしたときにも、自分の可能性を追求し、何が悪いのかを考えて懸命に立ち上がろうとすることが重要です。それは楽しい時間ではありませんが、そこまでを含め、スポーツであり、人生であるのです。

人間ですから、ときには悩んだり、気が向かなかったりすることが当然あるでしょう。そんなときは無理矢理がんばる必要はありません。ただし、いいときも悪いときもある中で、悪いときからいいときへと移るためには、悪いときに何を考え、どう行動するかが重要になります。スポーツに限らず、人生においても同様のことがいえます。

人間は困難に直面すると、それまでに培ってきたことがあらわになります。楽しくないからいいやとあきらめるのか、それとも、ここからが大事と感じて奮起するかで、その後の展開が大きく変わります。

スポーツ選手にとって、スポーツは自身の持ち味を生かせる得意分野であり、多くの時間をかけて取り組んでいるものです。スポーツを通じて、人生に生かせることを学んでもらえたらいいなと思います。

一言で楽しむといっても、大きな意味での楽しみもあれば、小さな意味での楽しみもあります。ただ単に、楽しんでスポーツをやるというのであれば、それは小さな意味での楽しみでしょう。それに対し、5年、10年というスパンであとから振り返ったときに、あのときはさんざん苦しんだが、だからこそ、いろいろな人と出会えたし、こんな考え方ができるようになったと思えたならば、それは、大きな意味での楽しみといえます。そういった自分にとってのビタミンのような楽しさが、本当は最も大切なのではないかと感じます。

言葉の使い方は難しいもので、「優勝したのはとてもうれしいことですが、○○がダメでした」といったコメントを聞くと、今そんなことをいわなくてもいいのではないか、勝ったのだから、素直に喜べばいいのにと思います。昔は「勝っても喜ぶな」といわれた時代がありました。楽しむという言葉の本当の意味を理解せずに、楽しければ、別に勝たなくてもいいといったとらえ方をするのは、本音をごまかしているだけでしょう。

一ついえるのは、我々が取り組んでいるのは競技スポーツであり、楽しみで行う娯楽スポーツとは異なるということです。娯楽スポーツの感覚を競技スポーツに持ち込むから、おかしなとらえ方になってしまうのだと思います。

競技スポーツのゴールは、可能な限り努力し、持てる才能を最大限に発揮できた場合にようやくたどり着ける結果への到達です。周囲のサポートを受けながら、本当にできるのだろうかと不安になるほどの高い目標に向かって、自分のポテンシャルをすべて発揮するために努力するからこそ、得られるものがあります。楽しいからやる、楽しくないからやらないといった表面的な楽しさに左右されているようでは、その高みにはとても届きません。

選手には、気持ちが前向きにならないときがあります。その際に、ほかの選手が立てる波が気になって泳げないなどと、何かのせいにし、自分の中で整理してしまうことがあります。しかし、そんなことは日々さまざまな場面で起こり得る小さな浮動要因であり、それにいちいち気をとられているようでは、本来やろうとしているチャレンジなど、絶対に成功しません。多少のことでは動じないような、確固たる自分をつくり上げなければいけません。そして、それは人間として生きていく上でも大切なことです。

波があるならこうすればいい、風が強かったらこうしようといった具合に、その場で簡単に対処できる方法はいくらでもあります。いいわけを考えるのではなく、さまざまな不確定要素への対処法を身につけていくことが、スポーツでも人生でも大切になります。それができない人は、きっと何をしても楽しくないと感じるでしょう。

確かに、楽しいというのは、モチベーションを高く維持する上での重要なファクターです。そして、楽しいスポーツによって得られるものは、心の健康や健やかな体など、たくさんあります。もちろん、競技スポーツにも娯楽的な楽しさの要素はありますし、特に現代ではそうしたものが求められていると思います。ただし、誰もが必死になって勝とうとする中で自分が勝つには、楽しいか楽しくないかという次元を超えたところで突き詰めていかなければなりません。

自分の内面と向き合って戦うことが、人間形成の上で、大切な要素になると思います。

管理と自主性

スポーツの現場では、管理と自主性の関係がしばしばテーマになります。指導者が、選手を扱いやすいようにするために、自主性を無視して何もかも型にはめ込み、ロボットのようにしてしまうやり方は、ほめられたものではありません。一方で、自由という言葉のもとに好き勝手にやらせるのがいいかといえば、それもまた違うでしょう。

本当の自主性を育むには、教えていかなければならないことが、たくさんあります。そして、その過程にはいくつもの段階があり、その数は必ずしもパフォーマンスのレベルに比例するわけではありません。いうなれば、人間としての成熟度のようなもので、一から教えなければならないケースもあれば、一定のレベルに達したところでサポートが必要になるケースもあります。必要であれば、私はああしなさい、こうしなさいといいますし、それが管理だと指摘されたら、違うと反論します。

いちいちいわなくても自分で考えられるようになるには、あるレベルまでは、管理ではなく、ティーチングが必要です。割合としては、最初の頃はティーチングが9割で、コーチングは1割程度かもしれません。やっていくうちに、コーチングのパーセンテージがだんだんと増えるのですが、このレベルではもう一度こうしなければいけないとティーチングに立ち返ることがあります。

一人の人間として、最終的にセルフマネジメントできるようにならなければいけないのは、家庭内での教育も同じといえます。こちらも、子どもの発育や発達に応じたアプローチが必要です。

最近は反抗期を抑えるために管理するようになっていますが、この点についてはは危機感を覚えます。「ウチの子は反抗期なんて全然なかったし、高校生なのにいうことをすごくよく聞いてくれます」といった話をする保護者がときどきいます。しかし、これはとんでもない勘違いで、子どもが反抗する能力をつぶしてしまっていることにほかなりません。子どもは「こうしたほうがいい」と周囲からいわれることにより、いわれなくてもできるようにだんだんと自立していくものです。親があまりにもいいすぎた場合に「うるさいな！」といい返すのは、自然な反応であり、成長している証なのです。

指導者と選手の関係においても、同じようなことがいえます。「あの選手は私のことをいつまでも頼りにしてくれる」とうれしそうに話す指導者がいますが、もしかすると、それは、選手の自由を奪っているのかもしれません。あいつは自分がいなければダメだと思っているとしたら、それはただの自己満足かもしれません。

指導者と選手の関係においても、ときには衝突があります。それは親子ゲンカのようなもので、お互いにとって必要なものだと感じます。選手は、そうした経験を通じて、徐々にセルフマネジメントできるようになっていくものです。むしろ、選手のことを子どもだと思いすぎていたと、指導者のほうが気づかされるケースがあります。指導者が思う以上に選手がちゃんと考えていたことがわかり、申し訳なく思う場合さえあります。逆に、まだまだのくせに何を生意気なことをいっているのだと感じる場合もあります。結局、家庭内でのケンカとなんら変わりないのです。

履き違えてほしくないのは、ただ単に自由にやらせても自主性は身につかないということです。

昔なら、外でいたずらをすると、近所の怖いおじさんやおばさんに真剣に怒られましたし、母親が呼び出され、「おたくは子どもにどんな教育をしているんだ！」と注意されました。コミュニティーの中の人間を社会全体で育てたり、指導したりするような感覚があったのです。自分たちが実害を受けるか否かにかかわらず、悪いことを見つけたら、きちんと注意するのが当たり前でした。しかし、今はむしろ、注意したほうが批判されることがあります。世の中全体が他人と関わりを持たないようにする風潮になってきています。

もちろん、放任する人は昔もいたでしょうが、一方できっちりと注意してくれる人がいて、社会として、あるいは組織として、バランスがとれていました。多様性が大事というのであれば、そうした多様性も認めるべきでしょうし、それが本来の望ましい姿だと感じます。どんな人間も最終的にはなんらかのコミュニティーの中で生きていかなければならないので、その中で生きる術を身につける必要があります。多様性に関する今の実情は、いちいち相手にするのは面倒だから、とりあえず認めた上で、あとは放ったらかしにして、なるべく関わらないようにするといった感覚なのかと私には感じることがあります。

そもそも今は社会全体が甘い状態で、自由に楽しく生きられればいいという方向に傾むいているように感じます。スポーツみたいな過酷なことをどうしてやらなければいけないのかと考える人もいるなか、そうした人たちは、東京2020に関するスキャンダルのニュースを見た際に、なんのためにオリンピックなんてやるのかと疑問に感じます。厳しい国際社会をこの先も生き抜いていかなければならないことを考えると、そんな日本の現状に不安を感じる部分が多々あります。

興味がない方にとっては、どうしてオリンピックなんてやるのかといった感覚かもしれませんが、スポーツはある意味で国と国との国力の戦いです。楽しければそれでいいから、自由にやらせてほしいという感覚では、オリンピックでメダルをとることなど、とてもできません。こうした意見を口にすることくらいは許してほしいというのが、私の本音です。

程度の違いはありますが、人間は誰しも成功したいという志を持っています。そこには大きな成功と小さな成功があります。もちろん、みんな大きな成功を目指しているのですが、一方で小さな成功も求めています。ここでポイントになるのは、大きな成功は小さな成功から始まることです。

人は小さな成功を経験することで、物事を前向きに考えられるようになります。小さなチャレンジをクリアすることで、次はこのテクニックができるようにがんばろうといった意欲が湧いてきます。小さな成功を少しずつ積み重ねていくことが、最終的に大きな成功につながるのです。

選手をやる気にさせるには

選手のモチベーションを高める上で最も大切なのは、これをやれば前に進めると選手が思えるものを指導者がきちんと提示してあげることです。大きな目標をいきなり打ち出して「がんばるぞ！」といったところで、選手は現実感を持てません。まずは小さな成功を体験させ、がんばって取り組むことによっていい結果

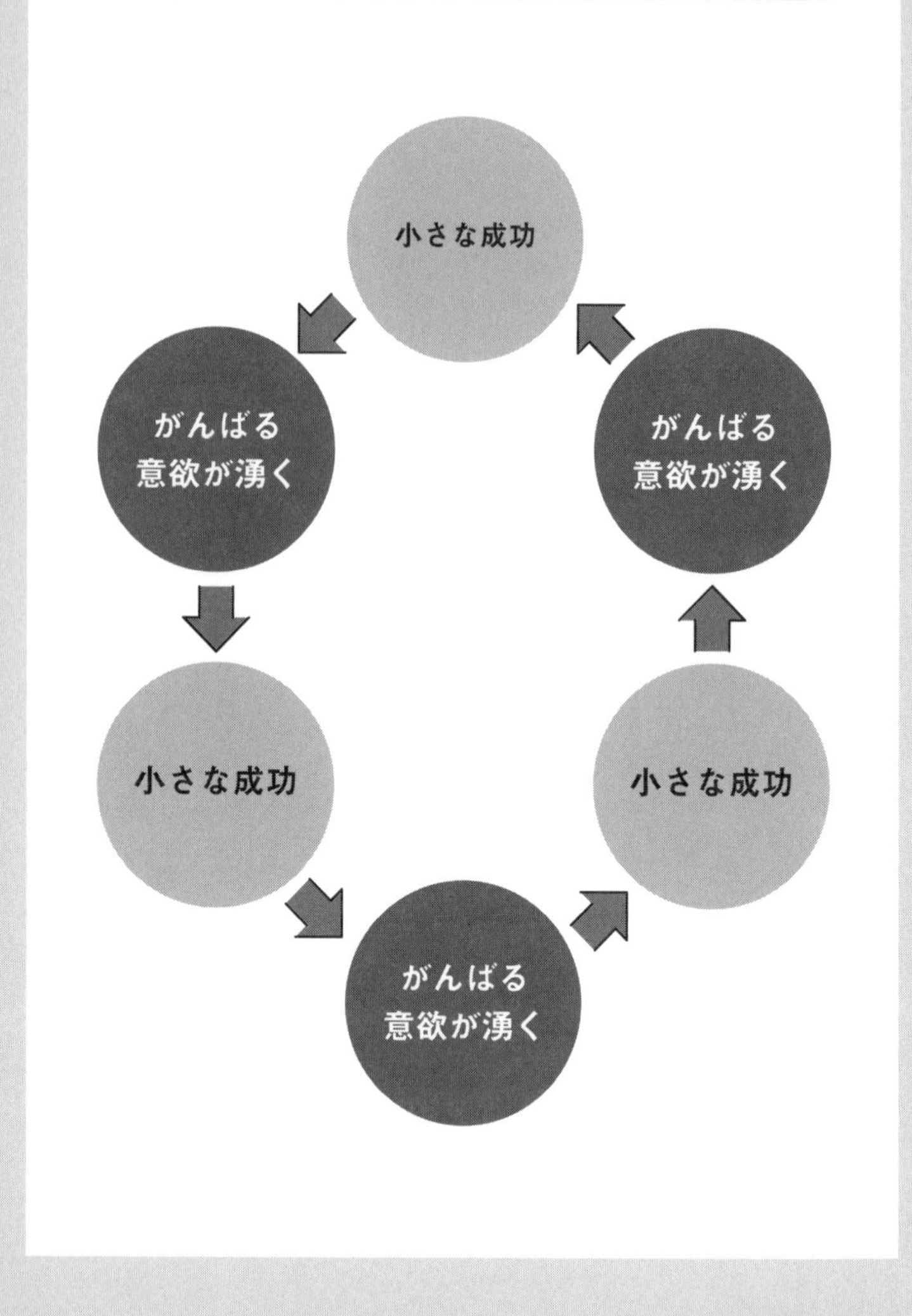
選手のモチベーションを高めるサイクル
小さな成功
がんばる
意欲が湧く
小さな成功
がんばる
意欲が湧く
小さな成功
がんばる
意欲が湧く

を得られるサイクルを実感させるのが、選手を育成するための一つのテクニックといえます。

厳しいトレーニングが必要な競技スポーツをやろうと思うくらいですから、選手にはやる気がもともとあるはずです。ただし、どうすれば成功できるかがわからなかったり、今やっていることになんの意味があるのかと疑問を抱いたりすると、そのやる気がだんだんとしぼんでいきます。それまですごく前向きだった選手が、一つの小さな大会でたまたまうまくいかなかったことをきっかけとして、やる気を失ってしまうケースがあるのです。

人間は一人ひとり違うので、やる気を失う理由も人によって違うのが当然です。そうなる兆候を指導者が見つけるのは難しいのですが、そのための最もシンプルで有効な手段は、直接聞くことだと思います。私自身、試合の結果が芳しくなかったときなどに、「どうかしたの？」と聞くことがよくあります。その選手のものの考え方や行動などをある程度把握しておくと、こういう声かけを準備しておいたほうがいいなと予測できるようになります。

たとえば、2022年の世界選手権で銀メダルを獲得した花車優選手は、同年

10月に行われた日本短水路選手権で3位に終わり、世界短水路選手権の出場枠に入ることができませんでした。短水路はあまり得意ではないため、当初から「難しいだろうけど、チャレンジしてみよう」といって臨んだ大会だったので、レース直後の本人は「いやあ、ダメでした」とサバサバした感じでした。ところが、数日経った頃から、雰囲気がだんだんと暗くなってきました。そこで話をしてみると、「記録がもともと速い人たちが出てきたときに自分がどうしたらいいのかがわからなくなりました」というのです。

エントリーしてきたほかの選手の状況を考えると、おそらくそういう結果になるだろうという予測ができていました。ですから、そうならないように目先を変えるなど、いろいろな準備をした上で大会に臨んだつもりでした。しかし、予測通りではあっても、気持ちが落ちるときは落ちてしまうもの。原因がよくわからないケースでは、まずは本人から話をストレートに聞くのがいいと思います。

人によってやる気を失う要因が違うように、スイッチが入る要因も人それぞれで違います。もっというと、同じ選手でもそのときそのときによって変わります。

また、ライバルがいい記録を出すと、それが気になって意識が散漫になる選手がいたり、逆に、自分のことに集中しようとやる気が湧く選手がいたりします。個々の選手について、どうすればモチベーションのスイッチが入るかを考えておくのも、大切なことです。

コーチにとってすごく重要な仕事の一つが、常に予測しておくことです。突発的なアクシデントが起こる場合もありますが、それは別として、あらかじめ予測できることに関しては対処法を考えておくべきです。そうすれば、このままでは目標の大会に間に合わないから、少しペースを上げていこう、ここで無理するとパンクしそうだから、ちょっとペースを落とそうといったことを考えられるようになります。

私にとって幸いだったのは、いろいろなキャラクターの選手を担当させてもらったことです。選手のタイプによるカテゴリー分けが自分の頭の中で整理できたので、こういうタイプの選手はこういう状況になるとこんな感じになりやすいといったことをある程度予測できるようになりました。蓄積した経験や情報を結びつけて予測する力は、社会人大学院に通ったことにより、さらに進化していったように感じます。

いろいろな経験をしておくことが大事なのは、一般企業などでも同じだと思います。企業にはさまざまな部署があり、いろいろな仕事に従事する人がいます。そして、それぞれが役割を果たすことで、一つの会社として成り立っています。「私はずっと営業でやってきたのに、どうして今さらこんな部署に回されるんだ」という話をときどき耳にしますが、いろいろな仕事があるのを認識するのは、実は大切なことです。私は、競泳委員長やヘッドコーチを務めて、競泳界の横のつながりを勉強させてもらったからこそ、いろいろなことを選手に落とし込めるようになりました。

多様性は、指導者にとっても大きなメリットになります。私はコーチですが、オリンピックに向けてのプランニングはとても得意だと思っています。日本の連盟と他国の連盟、コーチとトレーナーのハブとして、いわば競泳界のマネージャーをやっているようなものです。それはコーチの仕事と異なるわけではなく、コーチを続けていくと、最終的にそういうところにたどり着くのではないかと感じます。

もちろん、コーチのスペシャリストとしてその道を極めるという考え方もあると思うので、私のようになれというつもりはありません。しかし、さまざまな経験を重ねることによって、より多くのものを得られるのは事実です。私自身は、いろいろな役割を同時に担って全体の構成を考えながら進めるほうがやりやすいと感じます。そして、今の指導者に求められているのは実はそうしたことではないかと思うのです。

スポーツと自己実現――競技を通してどんな人間になってほしいか

前述したように、スポーツは競技レベルが上がるにつれ、自分との戦いになります。オリンピックや世界選手権で金メダルをとりたいと思ったら、競技力を極限まで高めるために、より厳しいトレーニングに臨まなければなりません。肉体的にも精神的にも追い詰められていく中、自分との戦いに勝てる選手だけが過酷な日々を乗り越えることができます。

孫子の兵法に「彼を知り、己を知れば、百戦あやうからず」という言葉があります。敵を知るのはもちろん大事ですが、それと同時に自分のことも知らなければいけません。そして、自分を知る過程では、自分との戦いに何度も直面します。持てる能力の限界に近いレベルの試合になると、人間は頭がいっぱいいっぱいになり、余裕がなくなっていきます。すると、「〇〇だから」とついいい訳をして逃げたくなります。そんなときに自分との戦いに勝って全力を尽くせるか、ライバルを含めた周囲の人間を理解できるかが、スポーツに取り組む上でのとても大切なことだと考えています。

内面での戦いにおいて最も困難なのは、うまくいかないときに精一杯の力を出してやり切ることです。試合で出る結果は、全員に対してフェアなわけではありません。一つのレースに勝者は一人しかいません。一方で、どこまで努力できたかという観点での勝者は、結果とは別に存在します。可能な限りの努力を行ってきた他者を認められる人間になることが、スポーツをやる究極の目的でありますし、選手たちにはそういう人間になってほしいと思っています。

自分が優勝したときに、2位や3位の選手に「ナイスレース」と声をかけるのは、誰にでもできるでしょう。しかし、意に反して自分が2位や3位に終わったときに、「おめでとう」と優勝した選手を称えるのは、簡単なことではありません。それができるようになることもまた自分との戦いであり、それこそが、本当のスポーツマンシップであると私は思います。これは、オリンピックや世界選手権でなければ経験できないということではありません。

実績を残すにつれ、傲慢になっていく選手がいます。そういう人は、おそらく、本当の限界のところで戦っていないから、傲慢になれるのだと思います。快適な安全地帯にいるときは、左うちわで傲慢でいられます。しかし、その外に出たら、何もできない自分に気づくはずです。

ギリギリまで追い込まれた状況において、自分のすべてを出し切った上で、鼻をポキッとへし折られ、それでもまだ傲慢でいられる人など、まずいません。そこまでやった人なら、きっと謙虚な姿勢が生まれますし、他者をリスペクトできるようになります。

ラグビーでは、試合が終わると、敵味方の区別がなくなり、お互いに称え合います。いわゆる「ノーサイド」です。実は、この精神はどのスポーツにも共通するもので、水泳にしても、レースが終われば、ノーサイドなのです。試合に向け、長い時間をかけて必死に努力を重ねてきた者同士が戦えば、どんなスポーツでも必ずノーサイドになります。私が目指す理想の姿がそれであり、そういう経験をすれば、競技を終えたあとにいい人生を送れるのではないかと思います。

自分との戦いから逃げずに最高の努力を常に続け、そこで培ってきたものを試合で競い合うのが競技スポーツであり、勝利を目指してたゆまぬ努力を続けることがスポーツの目的だと私は思います。選手はもちろんですが、指導者もサポートスタッフも競技連盟も、目指す目標は結果を出すことです。そうした目標は順位などで数値化しやすいものですが、一方の目的は数字で表すことがなかなかできません。だからこそ、チャレンジし続けなければならないのです。

競泳は基本的に個人競技なので、戦う上では、団体スポーツに比べ、より多くの内面的な要素が影響します。自分との戦いである点は団体競技も個人競技も同じですが、サッカーのようなチームスポーツにおいては、誰がどこにいるかを把握するために外向きの集中力が必要になるのに対し、個人競技では集中力が自分の内面に向かいます。特に水の中で行う競泳は音が遮断され、視界が狭くなるので、意識が内向きになりますが、そうした競技特性だからこそ養われるものがあると思います。

他者の心の声はなかなか聞こえません。しかし、自分の中では、いろいろな考えが絶えず浮かんでは消えていきます。私は、きょうの練習はあの選手には合っていたが、この選手には合っていなかったかもしれないと思うことがよくあります。自己を顧みるようなところが多いのは、意識が内向きになりやすい競泳をやっていたからかもしれません。

スポーツにおいて選手の内面が最もよく表れるのは、結果が出たあとです。試合直後の態度や言動から、人となりがわかります。金メダルをとったら、それは偉業ですが、本当に大切なのは、金メダルの獲得により経験し学んだことを、その後の人生に生かすことです。

目標に向かう過程での経験、過程で身につけたもの、過程で培った人間性などを生かしながら、豊かな人生を送れるようにしてあげる、それが、選手を育成する上で私が大切にしていることです。

日本スポーツの未来

日本のスポーツ界の歴史的転換点になると期待された東京2020が終わってから、1年半あまりが経ちました。その間、長引くコロナ禍の影響により、多くの競技の選手や関係者が、苦しい時間を過ごしてきたと思います。

私が一つ残念に思うのは、日本に暮らす人々のスポーツに対する意識やとらえ方が、東京2020の前後でほとんど変わらなかったことです。新しい施設はたくさんつくられましたが、オリンピックのレガシーで本当に大切なのは、そうしたハード面ではなく、ソフト面での遺産です。それなのに、汚職など、ビジネス面の問題ばかりがクローズアップされ、むしろ、マイナスのイメージだけが広がってしまったように感じます。

近年は、学校体育と部活動を社会スポーツに移行する流れが強まっています。学校体育と社会スポーツの仕組みを大きく変えていく転換期に直面しているわけですが、ここで大切になるのは、スポーツの価値を世間にどのように提示していけるかです。スポーツを取り巻く環境やハードウェアが変わっていく中で、娯楽スポーツにしても、競技スポーツにしても、スポーツをプレーすること、見ること、支えることが、人々の生活にどうつながっていくのかをしっかりと示すことが、日本のスポーツ界にとって非常に大切であると思います。

１９６４年の東京オリンピックのあと、日本では若者の体力向上への取り組みが盛んに行われましたが、私はその時代に育った人間です。そのため、知らず知らずのうちにさまざまな恩恵を受けてきたと感じます。ところが、今回の東京２０２０に関しては、同じように感じられる人はとても少ないのではないでしょうか。ここでスポーツの価値をしっかりと伝えられなかったのは、大きな損失だと思います。

時代が変われば、社会も変わります。一方で、人間にとって本当に大切なものが短期間で変わることはありません。

かつて、ドイツのアンゲラ・メルケル前首相は、「スポーツは大切な文化の一つだ」といいました。自分の限界に挑む姿勢、他者への尊重、目標を達成したときの充実感といったスポーツが持つ価値は、現代においても大事な意味があります。特に我々指導者は、それをもっともっと発信していかなければならないと感じます。

日本は島国であり、日本人は農耕民族なので、諸外国と競争しなくても自分たちだけで成り立ってしまうようなところがあります。とはいえ、内に閉じこもっているだけでは、国はどんどん衰退していきます。世界に誇れるもの、世界一を目指せるものがあるのに、努力せずに落ちていく、そんなさまを黙って見過ごすことはできません。

近年は経済が落ち込み、日本全体が活気を失っているような状況です。そうした中、スポーツは、日本が世界一になる可能性がある分野の一つです。我々指導者はそうした自負を持って取り組まなければいけませんし、才能がある選手には世界一をぜひ目指してほしいと思います。

もちろん、世界一に挑戦する過程においては、数々の試練があります。しかし、それを乗り越えてたどり着いた先で見る景色や心に湧き起こる思いは、「そんなことはできるわけがない」、「そんなことをやって、なんの意味があるのか」といっている人には絶対に味わえない格別のものです。

いうまでもないかもしれませんが、世界一と世界で戦うことは違います。世界一に輝くには、相当な覚悟を持って準備し、自身のすべてをここぞというときの一瞬に込める必要があります。たまたま世界一になったりもしますが、「真の世界一」と「偶発的な世界一」には、決死の覚悟を抱いていたか否かという点で決定的な違いがあります。

今は楽なことやリスクが少ないことに傾く風潮が強いと感じますが、そうする人ばかりになってしまったら、日本はいずれ沈没するでしょう。自分が真剣に取り組んでいるもので世界一を目指せるのは、すばらしいことなのです。自分の可能性を自覚し、それを伸ばしていくエネルギーが自己からあふれるような人が増えれば、社会全体が活気づき、成長していくと思います。

私は指導者として、まずは行動しようということを若い世代の人たちに発信していきたいと考えます。行動することによって、世の中の停滞した空気を払拭したいのです。そうした流れがスポーツから生まれることを願っています。

2023年3月吉日　平井 伯昌

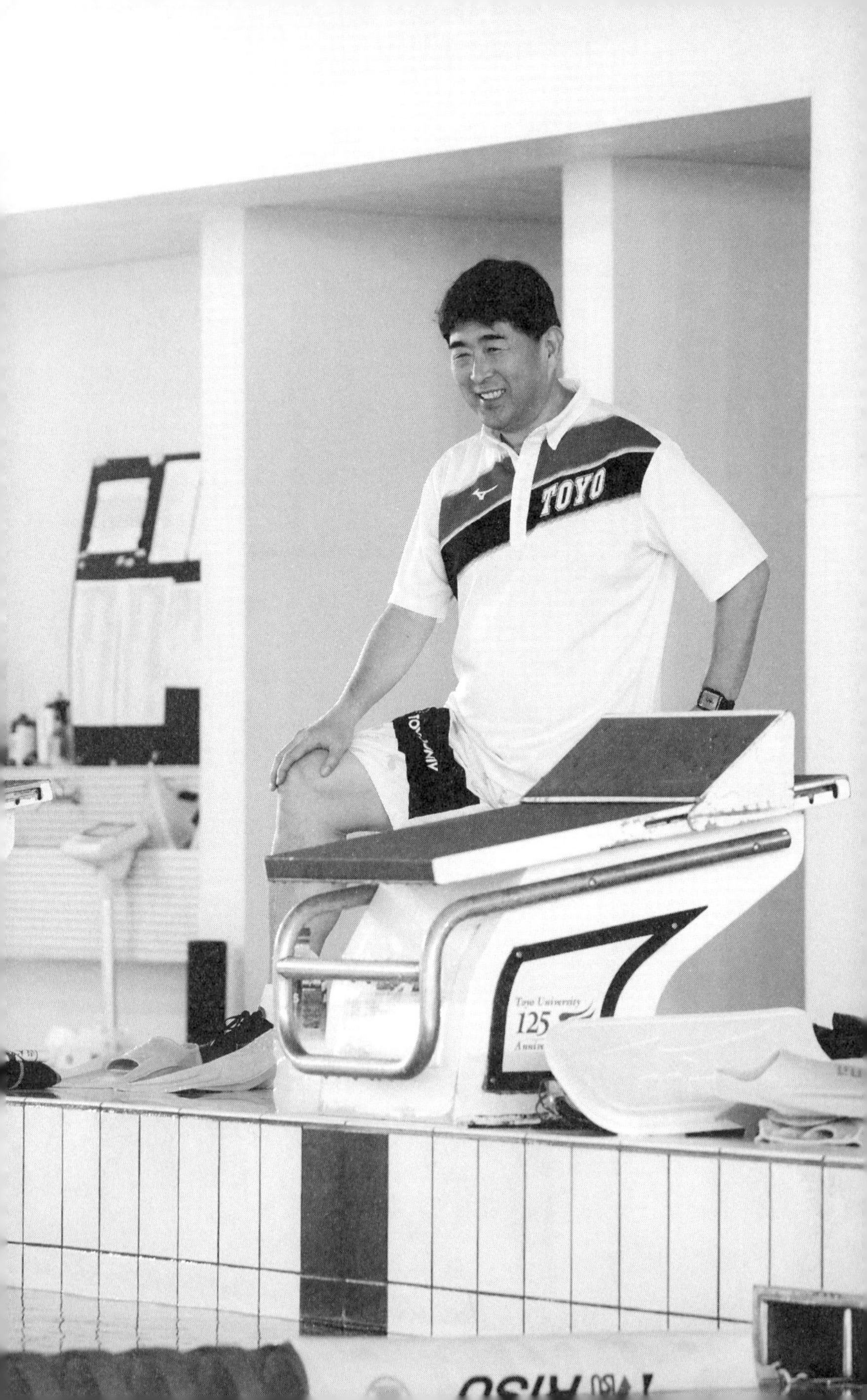
TOYO
Toyo University
125

世界一に挑戦する過程においては、数々の試練があります。
しかし、それを乗り越えて
たどり着いた先で見える景色や心に湧き起こる思いは、
「そんなことはできるわけがない」、
「そんなことをやって、なんの意味があるのか」といっている人には
絶対に味わえない格別のものです。

profile

平井伯昌（ひらい・のりまさ）

1963年５月31日生まれ、東京都出身。早稲田高校→早稲田大学→早稲田大学大学院修了。東洋大学法学部教授、東洋大学水泳部監督。小学生のときに、東京スイミングセンターで水泳を始めた。早稲田大学では、水泳部に所属。２年生のときまで自由形中距離の選手として活動していたが、オリンピックを狙える選手の入学が決まったことがきっかけとなってマネージャーに転身し、コーチングのキャリアをスタートさせた。大学３年時の1984年に開催されたロサンゼルスオリンピックに際し、奥野景介（当時、早稲田大学１年。現在、早稲田大学教授、早稲田大学水泳部コーチ）の代表入りに貢献。卒業後は、大手生命保険会社への就職が内定していたが、コーチングのおもしろさに魅了されたため、自身の出身である東京スイミングセンターに入社した。1996年から北島康介を指導し、2004年のアテネオリンピックと2008年の北京オリンピックにおける100m平泳ぎと200m平泳ぎで２大会連続２冠達成という偉業に導いた。2008年10月から日本代表ヘッドコーチ（～2021年８月）、2015年６月から日本水泳連盟競泳委員長（～2021年６月）を務め、2013年４月から現職。東洋大学では、2016年のリオデジャネイロオリンピック400m個人メドレー金メダリストの萩野公介、2021年の東京オリンピック200m個人メドレーと400m個人メドレー金メダリストの大橋悠依をはじめとする、オリンピックのメダリストや日本代表選手を多数育てている。著書に『平井式アスリートアプローチ』（小社刊）がある。

CREDITS

特別協力
東洋大学体育会水泳部

企画・構成
直江 光信

デザイン
黄川田 洋志

写真
長谷川 拓司

編集
関 孝伸
中谷 希帆

勝つ理由。

3人の金メダリストを育てた名将がひもとく勝利のプロセス

2023年3月31日　第1版第1刷発行

著　　者　　平井 伯昌
発 行 人　　池田 哲雄
発 行 所　　株式会社ベースボール・マガジン社
〒103-8482 東京都中央区日本橋浜町2-61-9
TIE浜町ビル
電　　話　03-5643-3930（販売部）
03-5643-3885（出版部）
振替口座　00180-6-46620
https://www.bbm-japan.com/

印刷・製本　　共同印刷株式会社

© Norimasa Hirai 2023

Printed in Japan
ISBN 978-4-583-11600-6 C2075

＊定価はカバーに表示してあります。
＊本書の文書、写真、図版の無断転載を禁じます。
＊本書を無断で複製する行為（コピー、スキャン、デジタルデータ化など）は、私的使用のための複製など著作権法上の限られた例外を除き、禁じられています。業務上使用する目的で上記行為を行うことは、使用範囲が内部に限られる場合であっても私的使用には該当せず、違法です。また、私的使用に該当する場合であっても、代行業者等の第三者に依頼して上記行為を行うことは違法となります。
＊落丁・乱丁が万一ございましたら、お取り替えいたします。